定期テスト **ズバリよくでる** 国語 3年 教育出版版 中学国語3

もくじ

取り外してお使いください 赤シート＋直前チェックBOOK,別冊解答

※全国の定期テストの標準的な出題範囲を示しています。学校の学習進度とあわない場合は,「あなたの学校の出題範囲」欄に出題範囲を書きこんでお使いください。

Step 1

春に

1 詩を読んで、問いに答えなさい。

▼教 14ページ～15ページ

春に　　谷川《たにかわ》俊《しゅん》太《た》郎《ろう》

この気もちはなんだろう
目に見えないエネルギーの流れが
大地からあしのうらを伝わって
ぼくの腹へ胸へそうしてのどへ
声にならないさけびとなってこみあげる
この気もちはなんだろう
枝の先のふくらんだ新芽が心をつつく
よろこびだ　しかしかなしみでもある
いらだちだ　しかもやすらぎがある
あこがれだ　そしていかりがかくれている
心のダムにせきとめられ
よどみ渦《うず》まきせめぎあい
いまあふれようとする
この気もちはなんだろう
あの空のあの青に手をひたしたい
まだ会ったことのないすべての人と
会ってみたい話してみたい

(1) この詩の文体・形式として適切なものを次から一つ選び、記号で答えなさい。

ア 口語定型詩　　イ 口語自由詩
ウ 文語定型詩　　エ 文語自由詩

(2) この詩の中で繰り返されている言葉は何ですか。詩の中から抜き出しなさい。

(3) 11行め「心のダムにせきとめられ」は、どんな様子をたとえているのですか。次から一つ選び、記号で答えなさい。

ア わき出す気持ちを心がおさえこんでいる様子。
イ 心がどんどん豊かになっていく様子。
ウ 考えることをやめてしまっている様子。

(4) 「ぼく」は、「春」をどのようなものとして感じているのですか。次から一つ選び、記号で答えなさい。

ア エネルギーにあふれ、「ぼく」を悲しませるもの。
イ エネルギーにあふれ、「ぼく」をもどかしがらせるもの。
ウ 「ぼく」を苦しめ、力を奪ってしまうもの。

あしたとあさってが一度にくるといい
ぼくはもどかしい
地平線のかなたへと歩きつづけたい
そのくせこの草の上でじっとしていたい
大声でだれかを呼びたい
そのくせひとりで黙っていたい
この気もちはなんだろう

テストで点を取るポイント

国語の中間・期末テストでは、次のポイントを押さえて確実に点数アップをねらうことができます。

☑ノートを確認して、教科書を音読する

❶授業中の板書を写したノートをおさらいします。
国語の定期テストでは黒板に書かれた内容がテストで問われることが多く、先生によっては要点を赤字にしたり、繰り返し注意したりしてヒントを出してくれています。

❷教科書の文章を音読して読み直す。
テストで出る文章は決まっているので、かならず何度も読み直して文章内容を理解しておきましょう。

☑ステップ1・ステップ2を解く

≫実際に文章読解問題・文法問題を解いて、内容を理解できているか確認します。いずれも時間を計って、短時間で解く練習をしておきましょう。

☑小冊子で漢字を確認する

≫テスト直前には新出漢字や文法事項、古文単語などの暗記事項を確認します。

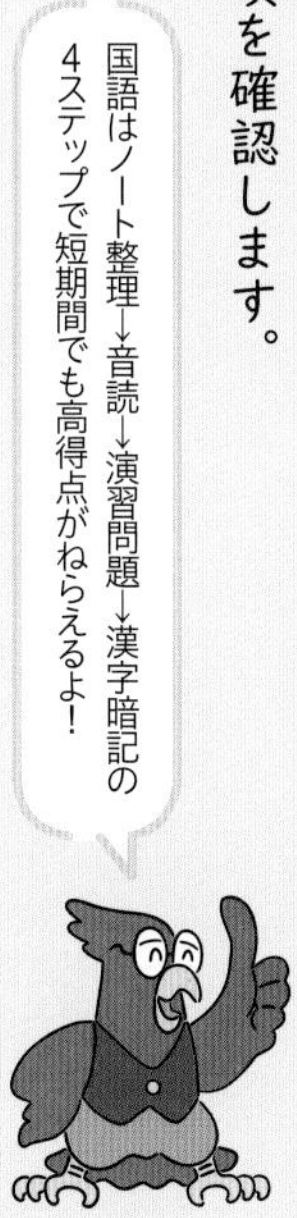
国語はノート整理→音読→演習問題→漢字暗記の
4ステップで短期間でも高得点がねらえるよ！

Step 1

立ってくる春

15分

❶ 文章を読んで、問いに答えなさい。

▼教 19ページ5行〜21ページ2行

「今日から春ですよ。」もう一度、祖母が言った。

「でもまだ冬なのに。」私は①口をとがらして答えた。霜柱はつんつん立っていたし、その朝も水道管が凍った。あおあおとしているのはつわぶきの葉とアオキばかりで、楓《かえで》も欅《けやき》も桜も柿もすっかり葉を落としてしんとしていた。寒暖計の赤は下の方にわだかまり、ぜんぜん上がってこない。

「でも、②暦《こよみ》の上では、ほら。立春ですよ。」

「りっしゅん。」

「春が立つ、春になるっていうことですよ。」

祖母の部屋には日めくりの暦が下げてあった。暦には、二月四日、木曜、立春、の字が並んでいた。

「春って、立つの。」

「立ちますよ。」そう言って、祖母は真面目に頷《うなず》いた。以来私は、春は立つものだと思うようになったのである。

立つ春とは、どんなものなのだろう。学校へのみちみち、考えた。人間のかたちをしたものでは、なかろう。空気のようなものか。でも空気は目に見えない。「立つ」と感じるからには、目に見えなくては。本の中にある③竜や鬼《おに》や妖怪《ようかい》に似た、この世のものではない生き物のかたちをしたものか。それも違う、春はもっと柔らかでの

(1) ――線①「口をとがらして答えた」とありますが、このような態度をとった「私」の気持ちを次から一つ選び、記号で答えなさい。

ア 冬が大好きなので、こんなに早く春になっては困ると感じている。

イ 春を感じさせるような事象などまだどこにもなく、祖母の言葉に納得がいかないでいる。

ウ まだ春のはずなどなく、祖母が自分をからかっていると怒りを感じている。

エ あたり前のことを言われて、祖母が自分をばかにしていると反発を感じている。

（　）

(2) ――線②「暦の上では」とは、どのような意味ですか。次から一つ選び、記号で答えなさい。

ア 今年の暦ではないが、この暦にしたがえば。

イ 暦に季節は関係がないから、その暦によれば。

ウ まちがっていることはわかっているが、暦によれば。

エ 実感とは違うが、暦に書かれていることによれば。

（　）

(3) ――線③「竜や鬼や妖怪に似た、この世のものではない生き物のかたちをしたもの」を言い換えた言葉を、文章中から二十字以内で探し、初めと終わりの五字を抜き出しなさい。

ほほんとしているから、火を吐いたり金棒をふるったりするものたちの類いではあるまい。春とは、こまかな生気あるものに満ちた、盛り上がるようなものだ。それならば。

　歩きながら、晴れた冷たい空気の中に見える遠い富士《ふじ》を眺めつつ、私は「立ってくる春」のかたちを、決めた。

　立ってくる春とは、さまざまな小さい生き物でみっしり埋めつくされた一枚の絵のようなものにちがいない。その春が、地平線の向こうにゆっくり上がってくる。最初のころは端っこだけしか地平線近くに見えていないが、太陽がのぼるように、日々次第《しだい》に高くのぼってゆく。そして四月ともなれば、すっかり全天を覆うようになるのである。

　これだけのことを決め、ようやく私は満足した。よしよし。謎は解けた。なるほど春は立つものであろう。まだあんまり見えないけれど、たしかに、今日、ずっと向こうのあの山のあたりに、春が立った。うんうん。

川上 弘美「立ってくる春」〈あるようなないような〉より

(4) 最終的に筆者が決めた「立つ春（立ってくる春）」とはどのようなものでしたか。文章中から抜き出しなさい。

□□□□□ ～ □□□□□

(5) 上の文章の表現上の工夫として適切なものを次から二つ選び、記号で答えなさい。

ア　大事な事柄を、繰り返し何度も述べている。
イ　春を特徴づける物事をたくさんあげている。
ウ　資料で調べたことを基にして、考えを書いている。
エ　自分の考えの道筋を、自問自答の形で書いている。
オ　擬態語《ぎたい》を使って生き生きと表現している。

（　）（　）

ヒント

(1)「口をとがらす」とは、不平不満を表す顔つきである。——線①のあとにはそのときの筆者の思いが書かれている。要するに、まだ春を示す事象などないのに「今日から春」と言われて、不満なのである。

(3)「二十字以内」という字数制限がヒントになる。

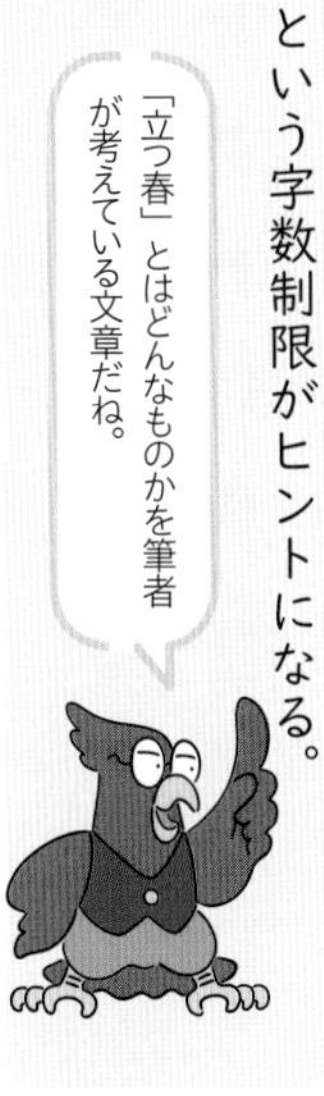
「立つ春」とはどんなものかを筆者が考えている文章だね。

Step 1

なぜ物語が必要なのか

15分

1 文章を読んで、問いに答えなさい。 ▼教22ページ1行〜24ページ1行

小説を書いていると、時おり、不思議に思うことがあります。①なぜ人は繰り返し物語を生み出し続けているのだろう。言葉、というものを獲得《かくとく》した人間が、初めてお話を語り始めた時、そこで何が起こったのだろう。

私は勝手に②ある場面を思い浮かべます。狩りから帰ってきた男が、途中で出会った動物がどんなに恐ろしかったか、植物や空や水辺がどんなに美しかったか、家族たちに語って聞かせる。皆、その声に耳を澄ませる。見たこともない世界に想像をめぐらせながら、お互い離れ離れになっていた時間を共有し、彼が無事に帰ってきた喜びをかみしめ合う。彼らの顔を焚火《たきび》の明かりが照らしている。そんな場面です。

③神話の時代から人間は物語とともに生きてきました。人が生きている限り、物語の歴史が途切れたことはありません。理屈では説明のつかない理不尽、いくら求めても答えの出ない疑問、人間の力を超越した自然、言葉など必要としない圧倒的な感動……。そうしたもろもろを物語の形に変え、自分なりに受け止めることで、困難の多い人生を少しでも実り豊かなものにしようとしてきたのだと思います。いくら辻褄《つじつま》が合わなくても、奇想天外でも、物語の器は黙って受け止めてくれます。辛抱強く、魂《たましい》の混沌《こんとん》に寄り添ってくれるの

(1) ——線①「なぜ人は繰り返し物語を生み出し続けているのだろう」とありますが、その答えを述べている一続きの二文を文章中から探し、初めの五字を抜き出しなさい。

(2) ——線②「ある場面」とは、どんな場面ですか。それが説明されている部分を文章中から探し、初めと終わりの五字を抜き出しなさい。(句点を含む。)

〜

(3) ——線③「神話の時代から人間は物語とともに生きてきました」とは、どういうことですか。次の文中の□にあてはまる言葉を、それぞれ文章中から三字と二字で抜き出しなさい。

・人間は a ずに b を生み出してきたということ。

a

b

(4) ——線④「ある一人の青年」について、青年が出てくる書名と、青年の名前を答えなさい。

書名（　　）

です。

　苦しい現実を受け入れるための、物語の役割について考える時、④ある一人の青年を思い出します。『犠牲《ぎせい》（サクリファイス）わが息子・脳死の11日』（柳田邦男《やなぎだくにお》著）に登場する洋二郎《ようじろう》さんです。文学を愛する感受性豊かな洋二郎さんは、精神の病に苦しみながらも、懸命に生きるための光を見いだそうとします。⑤ある日の日記にこう記しています。

……ぼくは行きの電車で、孤独な自分を励ますかのように、「樹木」が人為《じんい》的な創造物の間から「まだいるからね」と声を発するかのように、その緑の光を世界に向け発しているのを感じた。

　どこにも居場所を見つけられず、不安に押しつぶされそうになっている青年が、電車の窓に映る樹木と声にならない声で会話を交わしている。言葉を持たないものの声によって自らを励ましている。

　その様子を想像するだけで胸がいっぱいになります。洋二郎さんの心の内には、彼だけの物語が生み出されていたはずです。彼と現実をつなぎとめるために、どうしても必要な物語だったのでしょう。

小川 洋子「なぜ物語が必要なのか」より

名前（　　　　）

(5) ——線⑤「ある日の日記」について、次の問いに答えなさい。

❶「ある日の日記」の内容を説明している一続きの二文を文章中から探し、初めの五字を抜き出しなさい。

□□□□□

❷「ある日の日記」を読んだ筆者の思いを、次から一つ選び、記号で答えなさい。

ア　洋二郎さんの自然を愛する気持ちが共感できて、うれしくなってくる。

イ　洋二郎さんの感じていた不安が伝わってきて、どうしてよいかわからなくなる。

ウ　洋二郎さんにとってどうしても必要な物語を読んだ思いがして切なくなる。

（　　）

ヒント

(2)「ある場面」について具体的に説明している部分を探そう。あとにある「そんな場面」は、「ある場面」と同じものをさしているよ。

(5) ❷筆者は「胸がいっぱいになります」と述べている。そのあとの部分から、その気持ちについてさらに詳しく読み取ろう。

Step 2

なぜ物語が必要なのか

20分

/100

目標 75点

❶ 文章を読んで、問いに答えなさい。思

▼教 24ページ6行～25ページ14行

さて、私に初めて物語の力を教えてくれたのは、中学生の時に出会った①『アンネの日記』でした。ナチス・ドイツに占領《せんりょう》されたオランダで、アンネ＝フランクは十三歳の誕生日に、父オットーから赤い格子《こうし》模様の日記帳をプレゼントされます。ほどなく、ユダヤ人狩りから逃れるため、家族とともにアムステルダム市内の中心部にある隠れ家へ身を潜めたアンネは、密告により強制収容所へ送られるまでの二年あまり、そこで日記を書き続けることになります。

当然ながら、②隠れ家での生活は不自由なものでした。学校へ通うことはおろか、外へ出ることさえできず、昼間は分厚いカーテンを引いて、物音を立てないようにしなければいけません。限られた空間での、まさに息のつまるような毎日です。しかも発見されれば命の危険にさらされるという恐怖が、常につきまとっていました。

そうした状況で書かれた③アンネの日記は、普通の日記とは少し異なっていました。単に毎日の出来事を記すのではなく、感情を書きなぐるのでもなく、架空の友人、キティーに宛《あ》てた手紙として、自らの思いを綴《つづ》るのです。

アンネは現実には存在しない人物を創造し、日記の中で彼女と会話を交わします。まるでキティーからの返事を受け取ったかのような気持ちで、新たなページを自分の言葉で埋めてゆきます。母親への

(1) ――線①『アンネの日記』が書かれた場所はどこですか。文章中から三字で抜き出しなさい。

(2) ――線②「隠れ家での生活は不自由なものでした」とありますが、どんな生活だったのですか。あてはまらないものを、次から一つ選び、記号で答えなさい。

ア 自由に外出することができない生活。

イ 物音を立てないように静かにしている生活。

ウ 欲しいものがあっても買ってもらえない生活。

エ 常に命の危険を感じている生活。

(3) ――線③「アンネの日記は、普通の日記とは少し異なっていました」とありますが、どんな点で異なっていたのですか。

(4) ――線④「胸にわき上がってくる全てを、キティーに語ります」について、次の問いに答えなさい。

❶ 「胸にわき上がってくる全て」とは何ですか。具体的な内容を文章中から三十三字で探し、初めと終わりの五字を抜き出しなさい。（句読点を含む。）

❷ アンネにとって、日記とはどんなものだったのですか。文章中の言葉を用いて答えなさい。

点UP

(5) ――線⑤「私は……書きはじめました」とありますが、筆者はどんな思いからこのようなことを始めたのですか。

不満、支援者への感謝、ペーターへの恋心、死の恐怖、将来の夢……。④胸にわき上がってくる全てを、キティーに語ります。

窮屈な生活の中、日記帳を開いている間だけは、思う存分、自由を味わうことができました。隠れ家に閉じ込められたアンネにとって、キティーのいる物語は、果てしない自由の世界そのものでした。

日記を読んだ時、書くことがこんなにも人の心を解き放つのかと、私は衝撃を受けました。書くという方法を使えば、自分も自由を得られるのだ。そう思い、早速、大学ノートを買ってきました。それが作家の原点になったと言えるでしょう。

⑤私は彼女がキティーに語りかけたのを真似《まね》し、アンネに向かって悩《なや》みを打ち明けるように、友達関係の難しさや両親とのいざこざを、大学ノートに書きはじめました。時代も立場も飛び越えて、同世代の悩みを共有している気分でした。彼女との間に交わした空想の友情が、どれほど私の救いになってくれたか知れません。当時、私にとっての親友は、自分なりにこしらえた物語の世界に住む、決して会うことのできない少女だったのです。

小川 洋子「なぜ物語が必要なのか」より

❷ ――線のカタカナを漢字で書きなさい。

❶ 資格をカクトクする。
❷ タマシイのさけび。
❸ 戦争のギセイ者。
❹ 手紙のアテナを確かめる。

❶						❷	
(1)	(2)	(3)	(4) ❶	(4) ❷	(5)	❶	❷
5点	10点	15点	〜 10点	20点	20点	❸	❹
						各5点	

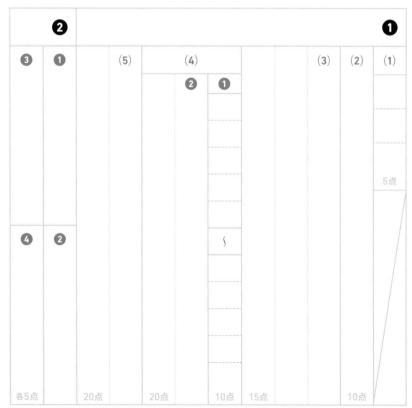

Step 1　私《わたし》

15分

1 文章を読んで、問いに答えなさい。

▼㊝32ページ7行～34ページ7行

午後一番の市民対応は、電話ではなく、来庁した若い女性だった。

近づく彼女の速度を見きわめ、私は椅子《いす》から立ち上がり、窓口に向かう。彼女が窓口に到着するのにちょうど一拍遅れて、前に立つ。待ち構えていたような圧迫感もなく、相手を待たせるでもない、①経験によって導き出された絶妙なる時間差だ。

「②この通知が、家に届いたのですが……。」

彼女がバッグから取り出したのは、昨日発送したばかりの督促《とくそく》状だった。

「なにか、手違いがございましたでしょうか？」

通常の市民対応に、二割ほど「謝意」のニュアンスを上積みして、私はそう尋《たず》ねた。「督促状」という性質上、問い合わせに来る市民の八割がたは「苦情」での来庁だ。自然に、対応もそれを前提としたものになる。なにしろ私は、「模範とされる市民対応」で、五年連続で庁内表彰されているのだ。③対応に抜かりはない。

「どうも、私宛てではないような気がするのですが……。」

「それは……、大変申し訳ございません。」

④言葉には最大限の謝意を込め、心中にはさざ波すら立てず、頭を下げる。角度、スピード、時間ともに、申し分ないお辞儀《じぎ》だ。

何十万人もの市民の情報を処理しているのであるから、間違いは

(1) ——線①「経験によって導き出された絶妙なる時間差」とはどんなものですか。次の文中の□にあてはまる言葉を、それぞれ文章中から三字と四字で抜き出しなさい。

・待ち構えていたような［a］もなく、相手を［b］でもない時間差。

a □□□

b □□□□

(2) ——線②「この通知」とは何ですか。文章中から三字で抜き出しなさい。

□□□

(3) ——線③「対応に抜かりはない」について、次の問いに答えなさい。

❶ どんな「対応」をこのように言っているのですか。次の文中の□にあてはまる言葉を、それぞれ文章中から七字と二字で抜き出しなさい。

・［a］に、二割ほど「［b］」を上積みした対応。

a □□□□□□□

b □□

❷ なぜそのような「対応」をしたのですか。次から一つ選び、記号で答えなさい。

当然起こりうる。私は頭を下げる数秒のうちに、⑤さまざまなケースを考えていた。彼女の手元に届き、彼女宛てではないということは、住所情報と氏名の情報がずれてしまったのだろうか。もしくは、特殊《とくしゅ》な氏名に特有の「異体字」がうまく印字されなかった事例だろうか。

「失礼ですが、なにか身分証明書をお持ちでしたら、確認させていただいてもよろしいでしょうか？」

女性はバッグから免許証と保険証とパスポートを取り出した。どれか一つでいいのだが、経験上、こんな場合は何も言わずに三つとも受け取っておいたほうがいい。

まずは免許証の写真と目の前の本人が一致《いっち》していることを視線の動きだけで確認し、次に、督促状と免許証を照合する。

住所も、名前も一致していた。

確認の意味で、保険証とパスポートも開いてみる。旧字体や異体字なども考えられるので、字画の一本にいたるまで、詳細に見比べる。

違いは、見つけられなかった。

三崎 亜記「私」〈短篇《たんぺん》ベストコレクション――現代の小説２０１２〉より

ア 「模範とされる市民対応」で表彰されたことが誇りだから。
イ 督促状の問い合わせでの来庁の目的は、苦情が多いから。
ウ 来庁した若い女性が、ひどく不安そうにしていたから。
（　　）

(4) ――線④「言葉には……頭を下げる」についての説明を次から一つ選び、記号で答えなさい。
ア 冷静になることに努めつつ、謝意が伝わるようにしている。
イ いら立っていることを隠すため、必要以上に謝意を込めている。
ウ 感じてもいない謝意を、形だけ相手に示している。
（　　）

(5) ――線⑤「さまざまなケース」とはどんなものか。それがわかる一続きの二文を文章中から探し、初めの五字を抜き出しなさい。

□□□□□

ヒント

(1) 「私」の、「彼女が窓口に到着するのにちょうど一拍遅れて、前に立つ。」という動作について、このように言っている。

(3) ❷「私」が『模範とされる市民対応』で、五年連続で庁内表彰され」たのは、「抜かりない」「対応」をした結果である。

この場面で描かれている内容や、「私」の心情に注目して読もう。

Step 2

私《わたし》

20分

／100

目標 75点

1 文章を読んで、問いに答えなさい。思

▼教 40ページ16行～42ページ11行

「ああ、貸出データが二重になっているんですね。それでは、そのデータを正して、貸出ができるようにしてもらえますか。」

①無感動な表情が私に向けられる。

「いいえ、二重になっているのは、データではなく、あなた自身です。」

「どういうことですか？」

「貸出データによると、あなたは一週間前に三冊借りて、一昨日も三冊借りられています。一昨日に借りられた記憶がないということでしたら、②あなた自身が二重になって借りられたものと思われます。」

よくあることだとばかりに、彼女の説明はよどみなかった。

「なるほど……。」

私はようやく③合点《がてん》がいった。入力ミスで個人情報データが二重になることがあるのだ。逆に、④「私」の存在そのものが二重になることもあるだろう。もう一人の「私」が、一昨日図書館で三冊の本を借りたにちがいない。

「一昨日、本を借りられたのも、今日借りられるのも、同じあなたですから、十冊という制限を超えて貸し出すことはできませんよ。」

まるで私が無理な要求をしているとでもいうように、彼女はすげ

(1) ――線①「無感動な表情」とありますが、これと同じ「彼女」の態度が表れている言葉を、文章中から六字で抜き出しなさい。

(2) ――線②「あなた自身が二重になって借りられたものと思われます」とありますが、どういうことですか。文章中の言葉を使って答えなさい。

(3) ――線③「合点がいった」の意味を次から一つ選び、記号で答えなさい。

ア　自分と同じ考えだった。　イ　事情が理解できた。

ウ　よく理解できなかった。　エ　想像どおりだった。

(4) ――線④「『私』の存在そのものが二重になることもあるだろう」とありますが、「私」がそのように考えた根拠は何ですか。文章中の言葉を使って答えなさい。

(5) ――線⑤「正当な主張」とは、ここではどんな主張ですか。それが書かれた一文を探し、初めと終わりの五字を抜き出しなさい。（句読点や記号を含む。）

(6) ――線⑥「適切な対応」とは、どのようにしたことですか。次から一つ選び、記号で答えなさい。

ア　二重の貸出データの一方の削除を関係部署に確認したこと。

イ　二重の「私」をどちらも削除するように関係部署に指示したこと。

ウ　「私」の存在が二重になっている状態を解消するように手配したこと。

なかった。立場こそ違え、彼女も「市民サービス」の向上を目ざすべき立場のはずだ。「模範とされる市民対応」からはほど遠いと言わざるをえない。

「納得できません。同じ『私』とはいえ、私自身は与《あずか》り知らぬかたちで貸出が行われたのですから、私にはこの五冊を借りる権利があるはずです。」

はっきり言って、そこまで本を借りることに執着《しゅうちゃく》しているわけではない。だが私は、自分が「無理難題タイプ」でも、「論理矛盾タイプ」でもなく、「⑤正当な主張」をする利用者であることを彼女に理解させるために、貸出を強要した。

「わかりました。それでは少々お待ちいただけますか。」

彼女はそう言って、いったん奥の事務所に入った。担当部署に電話をかけているようだ。

しばらくして、彼女は相変わらず無感動な表情のまま、カウンターに戻ってきた。

「確認が取れました。正常な状態に戻すということです。五分ほどで二重状態が解消されるそうですから、もう少々お待ちいただけますか。」

「わかりました。」

⑥適切な対応が取られたことに満足し、私はカウンターを離れた。すぐにしかるべき部署が、どちらかを、「削除」するだろう。どちらが消えようが、同じ「私」なのだ。何の問題もない。

三崎 亜記「私」〈短篇《たんぺん》ベストコレクション――現代の小説2012〉より

点UP

エ 「私」の存在が二重であることを問題として取り上げること。

(7) 上の文章には、常識から考えると不思議なことがあります。それはどんなことですか。簡潔に答えなさい。

❷ ――線のカタカナを漢字で書きなさい。

❶ 督《とく》ソク状が届く。
❷ 行き先をタズねる。
❸ 深々とおジギする。
❹ 予定をヘンコウする。

❶							❷			
(1) 10点	(2) 15点	(3) 5点	(4) 15点	(5) ～ 10点	(6) 10点	(7) 15点	❶	❷	❸	❹ 各5点

Step 1 薔薇《ばら》のボタン

15分

1 教科書の文章を読んで、問いに答えなさい。

▼教 48ページ上1行〜50ページ下10行

教科書48ページ上1行「仕事部屋の壁《かべ》に……

教科書50ページ下10行……伝わってきたのである。」

(1) 48ページ上1行「ある写真家の作品」について、次の問いに答えなさい。

① 何が写った作品ですか。次の文中の□にあてはまる言葉を、それぞれ文章中から四字、五字、三字で抜き出しなさい。

・昭和二十年 a に b が着ていたブラウスの c 部分である、二枚の布地。

a □□□□

b □□□□□

c □□□

② この写真に写ったものが「生地《きじ》がほぼまっすぐに……無傷であること」から、筆者はどんな予想をしているのですか。その内容を文章中から三十七字で探し、初めと終わりの五字を抜き出しなさい。

□□□□□〜□□□□□

③ 撮影者の石内《いしうち》氏はどんな写真家ですか。文章中から二十七字で探し、初めと終わりの五字を抜き出しなさい。

□□□□□〜□□□□□

(2) 48ページ下8行「収録されている遺品」について、次の問いに答えなさい。

① それはどんなものでしたか。具体的に説明されている一文を文章中から探し、初めの五字を抜き出しなさい。

□□□□□

② それについて筆者が驚いたことを、文章中から二つ探し、それぞれ一文で抜き出しなさい。

(　　)

(　　)

(3) 50ページ上7行「写真は全てカラーで、明るい光の下で撮影されている」について、次の問いに答えなさい。

❶ これまでの広島の遺品の写真はどんなものだったのですか。文章中から十一字で抜き出しなさい。

❷ これまでの広島の遺品の写真が、❶のようなものであったのはなぜですか。その理由を文章中から一文で探し、初めの七字を抜き出しなさい。

❸ 石内氏の写真からは、どんな意志が感じられましたか。文章中から五字で抜き出しなさい。

(4) 50ページ上14行「あの美しさ」とありますが、何のどんな美しさのことですか。文章中から十二字で抜き出しなさい。

(5) 50ページ上15行「ううん、全然」について、次の問いに答えなさい。

❶ 筆者の質問に石内氏がこのように答えたのは、遺品の写真を撮ることに対して、石内氏がどんな考えをもっているからですか。次から一つ選び、記号で答えなさい。

ア 死んでしまった女の子たちの無念を、彼女たちの持ち物を通して表現するという考え。

イ 女の子たちの着ていた服の美しさによって、彼女たちの美しさを暗示するという考え。

ウ 服の持ち主の女の子たちの立場や気持ちを理解し、それを写真で表現するという考え。

エ 服を、持ち主の女の子たちが着ていたときのようにきれいに撮るという考え。

（　　）

❷ 筆者は、自分の質問に対する石内氏の答えを聞いて、自分の「戦争の遺品」に対する考えについて、どんなことに気がつきましたか。文章中から一文で探し、初めの五字を抜き出しなさい。

ヒント

(1) ❶同じ段落の中から、写真に写っているものと、その正体を読み取ろう。

(2) ❶直後に「ほとんどが衣服で、若い女性のものが多い」とある。設問に「具体的に説明されている一文」を探せとあるので、「衣服」の種類について書かれた文を探そう。

(5) ❶石内氏は「被爆《ひばく》した人の……勇気がいったのではないですか」という筆者の質問に対して「ううん、全然」と答えていることを押さえ、直後にある石内氏の言葉から読み取ろう。

Step 2 薔薇《ばら》のボタン

20分

／100

目標 75点

1 教科書の文章を読んで、問いに答えなさい。思

▼教 50ページ下11行～52ページ下8行

教科書50ページ下11行「ところで昭和二十年……

教科書52ページ下8行……あの手。」

(1) 50ページ下15行「もんぺや地味な上衣の下に、ひそかに身につけていた」について、次の問いに答えなさい。

1 女の人たちが、「もんぺや地味な上衣の下に」きれいな服を着ていたのはなぜですか。その理由を次から一つ選び、記号で答えなさい。

ア 戦時下だったので、貴重品は身につけていたかったから。
イ 戦時下でも、自分自身のためにおしゃれがしたかったから。
ウ 戦時下では、誰もが服を何重にも重ねて着ていたから。

2 女の人たちが、「もんぺや地味な上衣の下に」きれいな服を着ていたことを知って、筆者はどう思いましたか。そのように思った理由もわかるように答えなさい。

(2) 51ページ上4行「女子学生たちが……うなずく子」とありますが、女子学生たちがこのような反応をしたのはなぜですか。その理由を次から一つ選び、記号で答えなさい。

ア 死んでしまった広島の女の子たちに対して、深い哀れみを覚えたから。
イ 死んでしまった広島の女の子たちの気持ちを、よく理解することができたから。
ウ 死んでしまった広島の女の子たちの苦しみを、想像することができなかったから。

(3) 51ページ上9行「その日、……ブラウスである」について、次の問いに答えなさい。

1 それは最初、どんな状態でしたか。

2 1のような状態のものを、誰がどうしたことで、ブラウスだとわかったのですか。

(4) 52ページ上1行「女たちは、……話し始めた」について、次の問いに答えなさい。

1 「女たち」とは、誰のことですか。筆者以外の人を全て答えなさい。

❷ 「女たち」が「話し始めた」内容の説明を次から一つ選び、記号で答えなさい。

ア 服のデザイン性や価値の高さ。
イ 服の主に対する同情や戦争への憎《にく》しみ。
ウ 服に対する感想や自分の服に関する話。

❸ 「女たち」はなぜ「ほっとしたように話し始めた」のだと考えられますか。

(5) 52ページ上6行「戦争を知らない世代が抱く戦争のイメージ」とは、どんなものですか。それが説明された部分を探し、初めと終わりの五字を抜き出しなさい。(句読点や記号は含まない。)

(6) 52ページ下6行「私は……いいと願う」とありますが、筆者はどんな仕事をしたいと思っているのですか。「薔薇のボタン」という言葉を用いて答えなさい。

2 ――線のカタカナを漢字で書きなさい。

❶ 分厚いカベ。　❷ バクフウが起こる。
❸ テイネイな言葉遣《づか》い。　❹ ナミダを拭く。

大問	設問	小問	配点
1	(1)	❶	5点
		❷	10点
	(2)		5点
	(3)	❶	10点
		❷	10点
	(4)	❶	完答10点
		❷	5点
		❸	10点
	(5)	～	5点
	(6)		10点
2	❶ ❷ ❸ ❹		各5点

Step 1

メディア・リテラシーはなぜ必要か？

15分

❶ 文章を読んで、問いに答えなさい。

▼教 61ページ下15行～63ページ上4行

　百パーセント正確な事実は伝えられない。メディアがまちがえることもある。情報とは常に、それを伝える人の視点なのだ。これはメディア・リテラシーを身につけるためのファーストステップであり、メディア・リテラシーの本質でもある。言いかえれば、①このメカニズムをしっかりと意識に刻むことができれば、メディア・リテラシーはほぼ達成されているといえる。

　ただし実のところ、これは相当に難しい。偉そうにこんなことを書いている僕も、見たり読んだりした情報を、すぐに真に受けてしまう。人はそのようにできている。②その自覚をもつことも重要だ。

　僕たちは今、テレビやラジオ、新聞、インターネットなどさまざまなメディアをとおして情報を受け取っている。二十世紀初頭、③映像メディア（映画）と通信メディア（ラジオ）が誕生した。それまでは新聞や書籍など文字メディアだけだった。文字メディアを理解するためには、教育を受けることが前提だ。つまり識字能力。ところが二十世紀以前の世界は、教育を万人の権利と見なしていない。多くの人は文字を読んだり書いたりすることができなかった。だから教育を受けていなくても理解することができる映画とラジオは、世界中の人たちに熱狂《ねっきょう》的に迎えられた。こうしてマスメディアが誕生する。それによって、自分たちの生活はより豊かになり、格差

(1) ――線①「このメカニズム」について、次の問いに答えなさい。

❶ 「このメカニズム」とは何ですか。次の文中の□にあてはまる言葉を、それぞれ文章中から四字と六字で抜き出しなさい。

・情報とは常にそれを a の視点であって、 b 正確な事実は伝えられないということ。

a □□□□

b □□□□□□

❷ 「このメカニズム」を知ることで、何を身につけることができるようになるのですか。文章中から十字で抜き出しなさい。（記号を含む。）

□□□□□□□□□□

(2) ――線②「その自覚」とは何ですか。次から一つ選び、記号で答えなさい。

ア　メディア・リテラシーを身につけているという自覚。
イ　情報を簡単に信じてしまうという自覚。
ウ　情報を正確に理解できていないという自覚。

（　　）

(3) ――線③「映像メディア（映画）と通信メディア（ラジオ）」について、次の問いに答えなさい。

❶ 映画とラジオ以前には、どんなメディアが存在していましたか。

や戦争もいつかはなくなる。そう考えた人は多かった。ところが④現実は逆に動いた。

映画とラジオに人々が熱狂した一九二〇年代から三〇年代、ファシズム（全体主義）という政治形態が雨後の筍《たけのこ》のように世界に現れた。ナチスドイツ、そのドイツと同盟を結んだイタリアと日本、他にはスペインなどもファシズムに傾いた国だった。ファシズムを実現するためには、メディアを使ったプロパガンダが不可欠だ。誰もが理解できるメディアが誕生したことで、それが可能になってしまった。

もしもこの時多くの人が、ライオンから見た視点とインパラから見た視点では世界は全く違うことを理解していれば、ファシズムは誕生しなかっただろう。でもこの時代、メディア・リテラシーを身につけた人などほぼいない。A国は野蛮な国で危険極まりないと情報を与えられれば、ならば攻撃される前に攻撃しなくては、と思いこむ。我が国の指導者は人格者でその指示に従えば国は栄えるのだと言われれば、なんの疑いもなく信じこむ。こうして戦争が続く。

森 達也「メディア・リテラシーはなぜ必要か？」より

文章中から六字で抜き出しなさい。

□□□□□□

❷ 映画とラジオが人々に熱狂的に迎えられたのはなぜですか。次から一つ選び、記号で答えなさい。

ア 文字を読んだり書いたりできなくても理解できたから。

イ 新聞や書籍などよりも内容がおもしろかったから。

ウ 新聞や書籍よりも安い値段で楽しむことができたから。

（　）

(4) ——線④「現実は逆に動いた」とありますが、どういうことですか。次の文中の□にあてはまる言葉を、それぞれ文章中から二字で抜き出しなさい。

・マスメディアの誕生によって、生活はより[a]になると考えられたが、その後も格差や[b]がなくなることはなかったということ。

a □□

b □□

ヒント

(1) ❶「メカニズム」は「仕組み」という意味。直前に「言いかえれば」とあることに注目して、直前の部分から読み取ろう。

(4) 直前に書かれている内容が期待されたのに、それとは「逆」の方向に現実が進行していったという意味だよ。

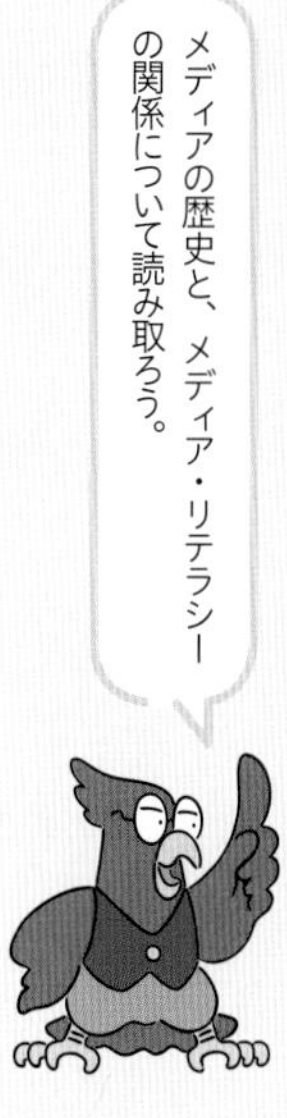
メディアの歴史と、メディア・リテラシーの関係について読み取ろう。

Step 2 漢字の広場１・文法の小窓１
（春に～文法の小窓１）

20分　／100　目標 75点

❶ ――部の漢字の読み仮名を書きなさい。

① 技を究める。
② 刀を研ぐ。
③ 仕事を辞める。
④ 教えを授かる。
⑤ 親に背く。
⑥ 伝言を承る。
⑦ 小児科に行く。
⑧ 血眼になる。
⑨ なかなかの代物。
⑩ 悲惨な光景。
⑪ 土の塊。
⑫ 病が平癒する。
⑬ 狂言を見る。
⑭ 国が管轄する。
⑮ 未曽有の事件。

❶			
①	⑤	⑨	⑬
②	⑥	⑩	⑭
③	⑦	⑪	⑮
④	⑧	⑫	

各2点

❷ カタカナを漢字に直しなさい。

① ウズを巻く。
② 服をヌう。
③ コヨミを見る。
④ トクシュな方法。
⑤ 意見のイッチ。
⑥ 疲れのチクセキ。
⑦ 文のトクチョウ。
⑧ ハンザツな手続き。
⑨ ジッセン演習。
⑩ ケビョウを使う。
⑪ 歯のキョウセイ。
⑫ イチジュンする。
⑬ セイジャクが包む。
⑭ ショウガクキン。
⑮ コウテイ的な意見。

❷			
①	⑤	⑨	⑬
②	⑥	⑩	⑭
③	⑦	⑪	⑮
④	⑧	⑫	

各2点

❸ 次の――線の助詞の中で、種類・用法が他と違っているものをそれぞれ選び、記号で答えなさい。

❶
ア 弟と出かける。
イ 雪がとけて水となる。
ウ 夏が来ると思い出す。
エ がんばろうと思う。

❷
ア 穴の開いたセーター。
イ 今日の午後は忙しい。
ウ 最初の問題はこれだ。
エ 私の財布を知りませんか。

❸
ア 家から駅まで歩く。
イ よく寝たから快調だ。
ウ かばんから本を出す。
エ 明日から三学期だ。

❹
ア 自転車で塾に通う。
イ 河を泳いで渡る。
ウ 海岸で遊ぶ。
エ 大雨で電車が不通だ。

❸	
❶	
❷	
❸	
❹	

各5点

❹ 次の□に共通して入る漢字をあとから選んで書きなさい。

❶ □引　□制
❷ □観　□脈
❸ □納　□発
❹ □頭　□道
❺ 黄□　大□
❻ 所□　□無
❼ □行　研□
❽ □規　仮□
❾ □章　□句
❿ □的　面□

有　金　目　静　定　出　文　街　修　強

❹			
❶		❻	
❷		❼	
❸		❽	
❹		❾	
❺		❿	

各2点

テストに出る

格助詞 …… 主に体言について、主語や述語をつくる。

接続助詞 …… 活用語（用言や助動詞）について、接続語をつくる。

副助詞 …… いろいろな語について、さまざまな意味をつけ加える。

終助詞 …… 文や文節の終わりについて、話し手の気持ちや態度を示す。

Step 1

AI《エーアイ》は哲学《てつがく》できるか

15分

❶ 文章を読んで、問いに答えなさい。

▼㊜76ページ1行～77ページ9行

　人工知能（AI）の進歩はめざましい。囲碁や将棋の世界では、もう人間は人工知能に勝てなくなってしまった。その波は、さらに広がっていくだろう。学者もその例外ではない。これまで学者たちが行ってきた研究が、人工知能によって置きかえられていく可能性もある。特に、私が専門としている哲学の場合、考えることそれ自体が仕事内容の全てであるから、①囲碁や将棋と同じ運命をたどるかもしれない。この点を考えてみよう。

　まず、過去の哲学者の思考パターンの発見は、人工知能の最も得意とするところである。例えば人工知能に哲学者カントの全集を読み込ませ、そこからカントふうの思考パターンを発見させ、それを用いて②「人工知能カント」というアプリを作らせることはいずれ可能になるであろう。人間の研究者が「人工知能カント」に向かっていろいろ質問をして、その答えを分析することがカント研究者の仕事になると私は予想する。この領域では人工知能と哲学者の幸福な共同作業が成立する。

　次に、人工知能に過去の哲学者たちの全てのテキストを読み込ませて、そこから哲学的な思考パターンを可能なかぎり抽出《ちゅうしゅつ》させてみよう。すると、およそ人間が考えそうな哲学的思考パターンがずらっとそろうことになる。それに加えて、過去の哲学者たちが見逃して

(1) ――線①「囲碁や将棋と同じ運命をたどる」について、次の問いに答えなさい。

❶ 「囲碁や将棋」はどんな運命をたどったのですか。それがわかる一文を文章中から探し、初めの七字を抜き出しなさい。

❷ 何が「囲碁や将棋と同じ運命をたどる」というのですか。文章中から二字で抜き出しなさい。

(2) ――線②『人工知能カント』というアプリ」について、次の問いに答えなさい。

❶ それはどんなものですか。次の文中の□にあてはまる言葉を、それぞれ文章中から二字と五字で抜き出しなさい。

・人工知能にカントの[a]を読み込ませ、そこから発見した[b]の思考パターンを盛り込んだもの。

a

b

❷ それを用いて研究者が行う作業を、筆者は何と述べていますか。文章中から七字で抜き出しなさい。

いた哲学的思考パターンもたくさんあるはずだから、人工知能にそれらを発見させる。
　その結果、③「およそ人間が考えそうな哲学的思考パターンのほぼ完全なリスト」ができあがるだろう。こうなると、もう人間によるオリジナルな哲学的思考パターンは生み出されようがない。④将来の哲学者たちの仕事は、哲学的人工知能のふるまいを研究する一種の計算機科学に近づくだろう。

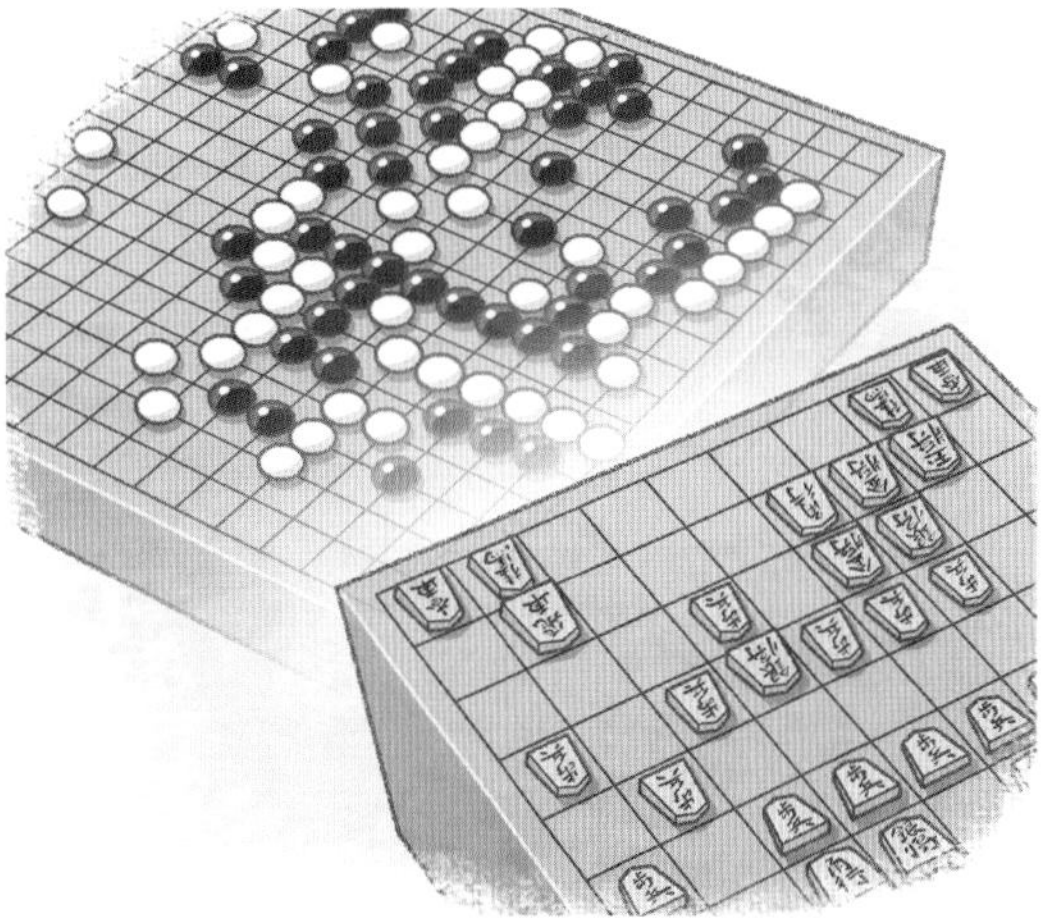

森岡 正博「ＡＩは哲学できるか」より

(3) ——線③『およそ人間が考えそうな哲学的思考パターンのほぼ完全なリスト』とは、どんなものですか。次の文中の□にあてはまる言葉を、それぞれ文章中から八字、二字、六字で抜き出しなさい。

・人工知能に［a］の全テキストから抽出させた、およそ［b］が考えそうな哲学的思考パターンに、［a］が［c］哲学的思考パターンを加えたもの。

a □□□□□□□□

b □□

c □□□□□□

(4) ——線④「将来の……近づくだろう」とありますが、それはなぜですか。次から一つ選び、記号で答えなさい。

ア 人間は人工知能を使いこなすことができないから。
イ 人間は新たに哲学的思考パターンを生み出せないから。
ウ 人工知能が常に哲学的思考パターンを生み出しているから。

ヒント

(1) ❷——線部を含む文の主語に注目する。
(2) ❷具体的な作業の内容としては、「人間の研究者が……その答えを分析する」というものである。

Step 2

AI《エーアイ》は哲学《てつがく》できるか

20分

／100
目標 75点

❶ 文章を読んで、問いに答えなさい。思

▼教 76ページ1行～77ページ18行

人工知能（AI）の進歩はめざましい。囲碁や将棋の世界では、もう人間は人工知能に勝てなくなってしまった。その波は、さらに広がっていくだろう。①学者もその例外ではない。これまで学者たちが行ってきた研究が、人工知能によって置きかえられていく可能性もある。特に、私が専門としている哲学の場合、考えることそれ自体が仕事内容の全てであるから、囲碁や将棋と同じ運命をたどるかもしれない。この点を考えてみよう。

まず、過去の哲学者の思考パターンの発見は、人工知能の最も得意とするところである。例えば人工知能に哲学者カントの全集を読み込ませ、そこからカントふうの思考パターンを発見させ、それを用いて「人工知能カント」というアプリを作らせることはいずれ可能になるであろう。人間の研究者が「人工知能カント」に向かっていろいろ質問をして、その答えを分析することがカント研究者の仕事になると私は予想する。この領域では②人工知能と哲学者の幸福な共同作業が成立する。

次に、人工知能に過去の哲学者たちの全てのテキストを読み込ませて、そこから哲学的な思考パターンを可能なかぎり抽出《ちゅうしゅつ》させてみよう。すると、およそ人間が考えそうな哲学的思考パターンがずらっとそろうことになる。それに加えて、過去の哲学者たちが見逃して

(1) ――線①「学者もその例外ではない」とありますが、どういうことですか。次から一つ選び、記号で答えなさい。

ア 学者は人工知能を用いて仕事を行うようになるということ。

イ 学者も人工知能に仕事を奪われてしまうということ。

ウ 学者が人工知能を研究する必要が生じるということ。

(2) ――線②「人工知能と哲学者の幸福な共同作業」とありますが、哲学者は具体的にどんな作業をするのですか。

(3) ――線③「こうなると、……生み出されようがない」について、次の問いに答えなさい。

❶「こうなると」の指示内容を簡潔に答えなさい。

❷ ――線③のようになることから、将来の哲学者たちの仕事がどんなものになると筆者は考えていますか。

(4) ――線④「この哲学的人工知能は本当に哲学の作業を行っているのだろうか」について、次の問いに答えなさい。

❶ ――線④と同じ意味を表す一文を文章中から探し、初めの五字を抜き出しなさい。

❷ 筆者は、「哲学の作業」はどんなものだと考えていますか。簡潔に答えなさい。

点UP

(5) ――線⑤「そういうことは当分は起きない」とありますが、筆者がこのような判断を下すのは、現時点における人工知能がどんなものだからですか。

いた哲学的思考パターンもたくさんあるはずだから、人工知能にそれらを発見させる。

　その結果、「およそ人間が考えそうな哲学的思考パターンのほぼ完全なリスト」ができあがるだろう。③こうなると、もう人間によるオリジナルな哲学的思考パターンは生み出されようがない。将来の哲学者たちの仕事は、哲学的人工知能のふるまいを研究する一種の計算機科学に近づくだろう。

＊

　しかし根本的な疑問が起きてくる。④この哲学的人工知能は本当に哲学の作業を行っているのだろうか。外部から入力されたデータの中に未発見のパターンを発見したり、人間によって設定された問いに解を与えたりするだけならば、それは哲学とは呼べない。

　そもそも哲学は、自分自身にとって切実な哲学の問いを内発的に発するところからスタートするのである。例えば、「なぜ私は存在しているのか？」とか「生きる意味はどこにあるのか？」という問いが切実なものとして自分に迫ってきて、それについてどうしても考えざるを得ないところまで追い込まれてしまう状況こそが哲学の出発点なのだ。人工知能は、このような切実な哲学の問いを内発的に発することがあるのだろうか。⑤そういうことは当分は起きないと私は予想する。

森岡 正博「ＡＩは哲学できるか」より

❷ ――線のカタカナを漢字で書きなさい。

❶ テツガクの歴史。
❷ エッセンスをチュウシュツする。
❸ フヘン的な性質。
❹ 首位をカンラクする。

❶								❷			
(1)	(2)	(3) ❶	(3) ❷	(4) ❶	(4) ❷	(5)		❶	❷	❸	❹
10点	10点	10点	10点	5点	15点	20点		各5点			

成績評価の観点　思…思考・判断・表現

Step 2

漢字の広場2・言葉の小窓1
（AI《エーアイ》は哲学《てつがく》できるか〜漢字の練習2）

20分

/100

目標 75点

1 ——部の漢字の読み仮名を書きなさい。

① 言葉を抽出する。
② 弥生の空。
③ 伯父の家。
④ 美しい乙女。
⑤ 町の鍛冶屋。
⑥ 相撲を観戦する。
⑦ 硫黄の臭い。
⑧ 木綿の靴下。
⑨ 凸凹の道。
⑩ 人生の分岐点。
⑪ 精進料理を作る。
⑫ 童歌を歌う。
⑬ 神主の仕事。
⑭ 鋼の体。
⑮ 気後れする。

1

①	⑤	⑨	⑬
②	⑥	⑩	⑭
③	⑦	⑪	⑮
④	⑧	⑫	

各2点

2 カタカナを漢字に直しなさい。

① テツガクの難問。
② フヘン的な問題。
③ フンキュウする。
④ 荷のハンニュウ。
⑤ 本をエツランする。
⑥ 敵をイカクする。
⑦ 酒のジョウゾウ。
⑧ チミツな計画。
⑨ ヘイガイを伴う。
⑩ ザンジ休む。
⑪ 法のジュンシュ。
⑫ クンショウの授与。
⑬ エイタンの声。
⑭ 英雄《えいゆう》のショウゾウガ。
⑮ 水がフットウする。

2

①	⑤	⑨	⑬
②	⑥	⑩	⑭
③	⑦	⑪	⑮
④	⑧	⑫	

各2点

❸ 次の言葉を、ア和語、イ漢語、ウ外来語、エどれでもない、の四つに分類し、記号で答えなさい。

❶ 風　❷ 道具　❸ オペラ
❹ 明るい　❺ カルテ　❻ 本棚
❼ ナイター　❽ 洗面器

❹ 次の混種語は、それぞれ、ア和語、イ漢語、ウ外来語の何と何が混ざり合ったものですか。記号で答えなさい。

❶ ダンス教室　❷ 幕開け
❸ 紙コップ　❹ 組体操
❺ 合唱コンクール　❻ 長ズボン

❸

❶	❷	❸	❹
❺	❻	❼	❽

各2点

❹

❶ と	❷ と
❸ と	❹ と
❺ と	❻ と

完答1つ2点

❺ 次の——線の熟字訓の読み方を書き、意味をあとから一つずつ選び、記号で答えなさい。

❶ 早苗の生育状態を調べる。
❷ 父は老舗ののれんを守っている。
❸ 代金を為替で送る。
❹ 固唾をのんで勝負を見守る。

ア　緊張しているときに口の中にたまるつば。
イ　遠隔地との金銭のやり取りを、手形や小切手で行う方法。
ウ　苗代から田へ移し植える頃の稲のなえ。
エ　何代も同じ商売を続けてきた、有名な店。

❺

❶	❷
❸	❹

完答1つ3点

テストに出る

和語……もともと日本にあった言葉。大和言葉。漢字の訓。
漢語……中国の言葉を取り入れて日本語になった言葉。漢字の音。
外来語……中国語以外の言語から入ってきた言葉。主に片仮名表記。
混種語……和語・漢語・外来語が混ざり合った言葉。

Step 1

async《アシンク》——同期しないこと

15分

❶ 文章を読んで、問いに答えなさい。

▼㊍92ページ1行〜93ページ9行

　二〇一二年一月、東日本大震災から十か月後の宮城県を訪れた時、僕は津波《つなみ》をかぶった一台の①「ピアノの死骸《がい》」に遭遇した。そのピアノは、高校の体育館のステージ脇の倉庫で、数日間海水につかっていた。一九六六（昭和四十一）年度の卒業生から記念品として贈《おく》られたもので、震災の十日ほど前の卒業式でも演奏されていたものだった。鍵盤はところどころ沈んだままになっていて、弦も切れたりさびたりしている。外側にくっきりと残っている傷、泥水の痕……。痛々しかった。指を鍵盤に沈めてみると、自分の知っている音は鳴らなかった。

　しかし僕は、②この津波によって生まれた音に強くひかれるようになった。津波ピアノは、地震と津波という自然の大きな力で、ある意味、破壊された存在だ。もともとピアノ自体は木でできている。木は生きていて、自然とともに変化していくものなのに、ピアノは、人間により何トンという人工的な力で鉄や木を曲げて作られたもの。ピアノが奏でる音階も自然には存在しないものだ。

　③僕たち人間が「調律が狂ってきた」と言うのは、人間的な基準で言っているのにすぎないのではないか。調律というものは、人間が勝手に決めた、人間にとってのいい音を出す作業ではないか。④このピアノは、自然が調律した元の形に戻ろうとしたのだ。人工的な調

❶ (1) ——線①「『ピアノの死骸』」について、次の問いに答えなさい。

このピアノは、震災後、どこで発見されましたか。文章中から抜き出しなさい。

（　　　　）

❷ このピアノについて説明した次の文中の□にあてはまる言葉を、それぞれ文章中から三字で抜き出しなさい。

・卒業生から[a]として贈られたもので、震災前の[b]でも演奏されていた。

a □□□

b □□□

❸ 「ピアノの死骸」はどんな様子でしたか。その説明にあてはまらないものを次から一つ選び、記号で答えなさい。

ア 鍵盤や弦が壊れていた。

イ 外側に傷があり、泥水をかぶった痕があった。

ウ 鍵盤を押しても音が一切鳴らなかった。

（　　）

❹ このピアノを表現している別の言葉を、文章中から十一字で抜き出しなさい。

□□□□□□□□□□□

律から解放された音。いい音だ、とても貴重だと思った。半ば自然に帰ったピアノで「音楽」を奏でることはできないだろうか。

　僕は、サウンドを発する道具として、人間が考案した調律に合わせてつくられた楽器よりも、音楽に加工される以前の音に、これまでよりも興味をもつようになった。今、僕が本当に聴《き》きたい音はどういうものなんだろう。僕は音を探し始めた。

坂本 龍一「async――同期しないこと」より

(2) ――線②「この津波によって生まれた音」を表現している別の言葉を文章中から十四字で探し、初めと終わりの五字を抜き出しなさい。

□□□□□ 〜 □□□□□

(3) ――線③「僕たち人間が……すぎないのではないか」とありますが、これを言い換えている一文を文章中から探し、初めの五字を抜き出しなさい。

□□□□□

(4) ――線④「このピアノは、自然が調律した元の形に戻ろうとしたのだ」とありますが、筆者がこう考えたのは、ピアノがどんなものであることが原因ですか。次の文中の□にあてはまる言葉を、それぞれ文章中から二字と一字で抜き出しなさい。

・ピアノが、もともと生きて、[a]とともに変化していくべき[b]でできているものであること。

a □□　b □

ヒント

(1) ❸「鍵盤はところどころ……」で始まる文から、第一段落の終わりまでを読んで捉えよう。

(2) 「自分の知っている音」は「調律」された音。「音楽に加工される以前の音」は字数が合わない。

筆者は「ピアノの死骸」をどんなものだと捉えているのかを考えよう。

Step 2

async《アシンク》——同期しないこと

20分

/100

目標 75点

1 文章を読んで、問いに答えなさい。思

▼教 93ページ10行〜94ページ12行

ニューヨークの自宅スタジオの裏庭で聴《き》こえる鳥の声や雨の音、枯れ葉を踏みしめる音、通勤時間帯の新宿駅の雑踏の音……。さまざまな場所の音を録音し集めてみた。近所の楽器屋さんに行ってシンバルを買ってきて、コップでこすってみて、なにかおもしろい音が出ないかなと試してみた。コップの大きさが変われば、音も全部変わるから、茶碗《ちゃわん》やコーヒーカップ、いろんなコップを集めて音を出してみる。そうすると①自分の好きな音が出てくる。他にも、振動しているシンバルの上に紙を置いてみたりした。厚い紙、薄い紙。特にわら紙のような薄い紙はすごくいい音がする。僕は身のまわりのさまざまな物が発する音を楽しみたくなってきた。

②これらの音を、普通は音楽としては聴いていない。雑踏や工場の音などは、むしろノイズと感じる人もいるだろう。サウンドとノイズは、本来なら二項対立的なものである。人間は、ノイズは排除するもの、意味のないものとしてきた。しかし僕は、そのノイズを聴いてみようと思った。もともと僕は、工事や工場の音が好きで、道路工事の現場があると、立ち止まって録音したりすることもあった。ある人にとってはただの騒音でも、僕にとっては音楽。ノイズもサウンドも人の声も、全ての音が音楽なのだ。

③自然の音や都会の雑踏の音、音にはそれぞれ独自のリズムや響き

(1) ——線①「自分の好きな音」とはどんな音ですか。次から一つ選び、記号で答えなさい。

ア シンバルの音。
イ シンバルをコップでこすった音。
ウ さまざまな場所で聴こえてくる音。

(2) ——線②「これらの音」について、次の問いに答えなさい。

❶ 「これらの音」がさすものを文章中から十七字で探し、初めの五字を抜き出しなさい。

❷ 「これらの音」のような「ノイズ」は、人間にとってどんなものなのですか。

❸ 「これらの音」のような「ノイズ」に対して、筆者はどんな考えをもっていますか。

(3) ——線③「自然の音や……響きがある」とは、どういうことを表していますか。「存在理由」という言葉を用いて答えなさい。

(4) ——線④「人間が勝手にこれはいい音、これは悪い音と決めてしまう」とありますが、人間は「悪い音」のことを何と呼んでいますか。文章中から三字で抜き出しなさい。

点UP

(5) ——線⑤「本当はこっちでも音が鳴っているのにそれは聴こえてこない」とありますが、それはなぜですか。文章中の言葉を用いて答えなさい。

がある。音は同じ必然性で同じ重要性をもっていて、ゴーッというなんとなく聴こえている音も窓の外から聴こえる通りの音も、存在理由があって存在している。それなのに、④人間が勝手にこれはいい音、これは悪い音と決めてしまう。二十四時間ほとんど音に囲まれて生きているのに、生存にあまり必要のない音は無視している。⑤本当はこっちでも音が鳴っているのにそれは聴こえてこない、そういうこともよくある。

坂本 龍一「async――同期しないこと」より

2 ――線のカタカナを漢字で書きなさい。

1 ピアノのケンバン。
2 ドロミズをかぶる。
3 ハカイされた町。
4 調子がクルう。

1 (1)	(2) 1	(2) 2	(2) 3	(3)	(4)	(5)	**2** 1	2	3	4
10点	5点	10点	10点	20点	5点	20点	各5点			

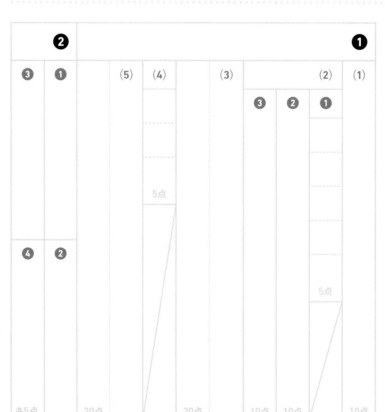

Step 1

問いかける言葉

15分

❶ 文章を読んで、問いに答えなさい。

▼㊎97ページ11行～98ページ18行

キャスターの仕事をするようになり、多くのゲストのかたにインタビューをする中で、問いかける言葉の大切さを改めて実感できるようになりました。①その中で学んだことは、問いかける言葉は、曖昧なものではなく、具体的なものではなくてはならない、ということでした。具体的な質問は、質問された相手の思考を曖昧なものからより明確な思考へと導き、そのことでコミュニケーションの基盤となるお互いの共通認識の場が形成され、対話が生き生きとしたものになるのです。具体的に問われることで、曖昧だった考えがくっきりとしてくる、思いこみも含めた自分の考えが俯瞰《ふかん》できるようになる、聞き方次第《しだい》で答えも変わってしまうと語ったゲストのかたもいました。②こうした力が問いかける言葉にはあるのです。

かつて私たちは、新聞、テレビ、出版物といったマスメディアをとおして多くの情報を得ていました。しかし現在、メディアの種類も多様になり、私たちの世界を取り巻く情報は膨大で、よりスピーディーに行き交うようになっています。③こうした中、私たちは、それらの情報について、立ち止まって吟味《ぎんみ》したり、整理したり、自分にとっての意味や価値を考える時間を失いつつあるように思えます。情報が、かえって人々の考える時間を奪っているのです。立ち止まる時間を失った人々は、わかりやすく、白か黒か、イエスかノーか

(1) ――線①「その中で学んだこと」について、次の問いに答えなさい。

❶「その中で」の指示内容を文章中から抜き出しなさい。

（　　　）

❷「学んだこと」とは何ですか。文章中から抜き出しなさい。

（　　　）

(2) ――線②「こうした力」とはどんな力ですか。あてはまらないものを次から一つ選び、記号で答えなさい。

ア 対話を生き生きしたものにする力。

イ 自分の考えを俯瞰できるようにする力。

ウ いつも同じ答えを引き出す力。

（　　　）

(3) ――線③「こうした中、……思えます」について、次の問いに答えなさい。

❶「こうした中」について説明した次の文中の□にあてはまる言葉を、それぞれ文章中から七字、二字、六字で抜き出しなさい。

・[a]が多様になり、[b]な情報がより[c]に行き交うようになっている中。

の手っ取り早い結論を好むようになります。そして、わかったと思った瞬間、そこで人は考えることをやめてしまいます。

作家の井上《いのうえ》ひさしが④「風向きの法則」と呼んでいた現象があります。風が、次第に強くなってくると、その風向きに逆らって歩くのが困難になるように、ある考え方が広まってくると、それに反対する声が出しにくくなると、みんながそう言っているからと同調する声が多くなり、ますますその考え方だけが広まっていってしまう、というのです。

問いかける言葉は、その同調の流れをせき止め、「本当にその風向きは正しいのですか？」と、風になびきがちな人々にブレーキをかけ、立ち止まらせます。周りに流されず、自分で考えることをもたらしてくれるのです。

国谷 裕子「問いかける言葉」より

a

b

c

❷ 「情報」について「立ち止まって……時間を失いつつある」ことから、人々はどのようになると筆者は考えていますか。次から一つ選び、記号で答えなさい。

ア 手っ取り早い答えを求め、考えることをやめてしまう。

イ 情報の内容に疑いをもち、メディアを批判するようになる。

ウ 情報を受け取るだけでなく、自分で発信するようになる。

（　）

(4) ——線④『風向きの法則』とはどんなことのたとえですか。次の文中の□にあてはまる言葉を、それぞれ文章中から四字で抜き出しなさい。

・ある考え方が広まって a ことが難しくなると、 b 人が増え、その考え方だけが広まってしまうこと。

a

b

ヒント

(2) 「具体的な質問は、……」「具体的に問われることで、……」で始まる二文から読み取ろう。

(3) ❶直前の「しかし現在、……」の一文から読み取ろう。「かつて私たちは、……」の一文は以前のことの説明だよ。

Step 2

文法の小窓2・言葉の小窓2

(async《アシンク》――同期しないこと～漢字の練習3)

20分

/100 目標75点

1 ――部の漢字の読み仮名を書きなさい。

1 言葉を吟味する。
2 賞を賜る。
3 国賓をもてなす。
4 賄賂を渡す。
5 誘拐事件が起こる。
6 船に搭乗する。
7 渓谷の景色。
8 洪水を防ぐ。
9 汎用性が高い。
10 梗概《がい》を述べる。
11 桟橋を渡る。
12 脊《せき》椎を損傷する。
13 相手を詮索する。
14 恩師の訃報。
15 古い民謡。

1

1	5	9	13
2	6	10	14
3	7	11	15
4	8	12	

各2点

2 カタカナを漢字に直しなさい。

1 シチョウシャ。
2 病をバイカイする。
3 消費のケイコウ。
4 フカンヨウな世界。
5 深いナヤみ。
6 社会へのコウケン。
7 言葉をハサむ。
8 セッソクを避ける。
9 魚のタクホン。
10 シシュクする作家。
11 ツナミの被害。
12 収益のゼンゲン。
13 センタク物を干す。
14 訴《そ》ショウを起こす。
15 キョダクが下りる。

2

1	5	9	13
2	6	10	14
3	7	11	15
4	8	12	

各2点

3 次の――線の助動詞の中で、他と意味が違っているものをそれぞれ一つ選び、記号で答えなさい。

1 ア 明日雨は降るまい。 イ 二度と失敗はしまいと誓った。 ウ 彼はもう二度と表舞台には立つまい。

2 ア 穴の開いた服を繕う。 イ 冷房《れいぼう》のよく効いた車内。 ウ 三年前に引っ越してきた。

3 ア 雪のように白い肌。 イ 琵琶《びわ》湖のような大きな湖。 ウ まるで夢のような話だ。

4 ア 誰も知らないだろう。 イ 最後まで諦めないで歩こう。 ウ 明日は大雪になろう。

5 ア 大嵐が来そうだ。 イ まだまだ走れそうだ。 ウ 明日の会議は休むそうだ。

6 ア 先生が話される。 イ 小学校の頃が思い出される。 ウ 失敗が悔やまれる。

7 ア ここまでしたら休もう。 イ 明日は何時でしたか。 ウ 勉強が今終わった。

3		
1	2	3
4	5	
6	7	各4点

4 次の――線部のうち、誤った使い方をしている敬語を選んで記号で答え、正しい敬語に直しなさい。

1 父は家には（ア）おりませんが、帰りにそちらへ（イ）いらっしゃると（ウ）申しておりました。

2 まもなく電車が（ア）参りますので、黄色い線まで下がって（イ）お待ちしてください。

3 私が（ア）お送りした手紙を（イ）拝見していただき、ありがとうございます。

4 （ア）お加減がよくないようですが、どう（イ）いたしましたか。

4		
1		
2		
3		
4		完答1つ3点

テストに出る

尊敬語 相手やその動作を高める表現を使う。「お（ご）～になる」。

謙譲語《けんじょう》 自分（身内）やその動作に対してへりくだった表現を使う。「お（ご）～する」。

丁寧語 相手に対して丁寧にいう。

Step 1

旅への思い――芭蕉《ばしょう》と『おくのほそ道』――

15分

❶ 文章を読んで、問いに答えなさい。

▼教 117ページ5行～121ページ7行

芭蕉が長い間抱き続けた旅への思いは、どのようなものだったのでしょうか。旅立つ前の思いを記した、『おくのほそ道』の冒頭《ぼうとう》の部分を読んでみましょう。

おくのほそ道　芭蕉

旅立ち

月日は①百代《はくたい》の過客《くわ(カ)かく》にして、行《ゆ》きかふ《(ウ)》年もまた旅人なり。舟の上に生涯を浮かべ、馬の口とらへ《(エ)》て老いを迎ふ《(ウ)》る者は、日々旅にして旅を栖《すみか》とす。②古人も多く旅に死せるあり。

予《よ》もいづ《(ズ)》れの年よりか、片雲《へんうん》の風に誘は《(ワ)》れて、③漂泊の思ひ《(イ)》やまず、海浜《かいひん》にさすらへ《(エ)》て、去年《こぞ》の秋、江上《かうしやう(コウショウ)》の破屋にくもの古巣を④払《はら》ひて、やや年も暮れ、⑤春立てる霞《かすみ》の空に、白河《しらかは(ワ)》の関越えむ《(ン)》と、そぞろ神《がみ》の物につきて心をくるはせ《(ワ)》、道祖神《だう(ドウ)そじん》の招きにあひ《(イ)》て、取るもの手につかず。

ももひきの破れをつづり、笠《かさ》の緒《を(オ)》付けかへ《(エ)》て、三里に灸《きう(キュウ)》すゆるより、松島《まつしま》の月まづ《(ズ)》心にかかりて、住める方《かた》は人に譲《ゆづ(ズ)》りて、杉風《さんぷう》が別墅《べつ(ベッ)しよ(ショ)》に移るに、

　草の戸も住み替はる《(ワ)》代ぞ雛《ひな》の家

表《おもて》八句を庵《いほ(オ)り》の柱にかけおく。

(1) 『おくのほそ道』のジャンルを次から一つ選び、記号で答えなさい。

ア 作り物語　イ 随想日記
ウ 和歌集　エ 俳諧紀行文

(　　)

(2) ――線①「百代の過客」の意味を次から一つ選び、記号で答えなさい。

ア 百人の客　イ 多くの友人
ウ 永遠の旅人　エ 長期の滞在者《たいざいしゃ》

(　　)

(3) ――線②「古人」とは、ここではどんな人のことですか。次から一つ選び、記号で答えなさい。

ア 船頭や馬子たち。　イ 昔の武士たち。
ウ 昔の僧たち。　エ 昔の歌人や詩人たち。

(　　)

(4) ――線③「漂泊の思ひやまず」の意味を次から一つ選び、記号で答えなさい。

ア 海や川の上を漂っていたいという思いがやまなくて。
イ あてのない旅に出たいという思いがやまなくて。
ウ 友人の家を泊まり歩きたいという思いが強く。
エ 着物をきれいに洗いたいという思いがやまず。

(　　)

(5) ――線④「払ひて」を現代仮名遣《づか》いに直し、全て平仮名で書きなさい。

(　　)

このようにして、これまで住んでいた深川《ふかがわ》の草庵《そうあん》を人に譲ったのち、三月二十七日に、門人の曽良《そら》を連れて、芭蕉は江戸を出発しました。その旅立ちの句は次のようなものでした。

行く春や鳥啼《な》き魚《うを(お)》の目は泪《なみだ》

それから二人は、日光《にっこう》、那須《なす》、白河の関、仙台《せんだい》、松島などを巡っていきます。そのうちに、季節は春から夏へと移り変わっていきました。

「旅への思い――芭蕉と『おくのほそ道』――」より

(6) ――線⑤「春立てる霞の空に」の「立てる」は掛詞《かけことば》です。これを説明した次の文中の□にあてはまる言葉を、それぞれ文章中から一字で抜き出しなさい。

・「立てる」という言葉は、「[a]が立つ（～になる）」と、「立てる（立ちこめている）[b]」の両方の意味を掛けている。

a □　b □

(7) 「草の戸も…」の俳句の季語を抜き出し、その季節を答えなさい。

季語（　　）　季節（　　）

(8) 「行く春や…」の俳句の意味として適切なものを次から一つ選び、記号で答えなさい。

ア　もう春も終わるのだなあ。鳥も鳴かず、魚の姿も見えないよ。
イ　春はどこへ行くのだろう。鳥も魚も教えてはくれないよ。
ウ　もう春も終わるのだなあ。春を惜しんで鳥は鳴き、魚も泣くよ。
エ　春が終わってしまえば、おいしい鳥や魚も食べられないよ。

（　　）

ヒント

(6) 「掛詞」とは「同音異義語を利用して、一語に二つ以上の意味をもたせたもの」である。

(7) 「雛の家」は雛人形がある家のこと。子どもが住めるような家を表している。

芭蕉の旅立ちに際しての思いや、二つの俳句に込められた思いを読み取ろう。

Step 2

旅への思い——芭蕉《ばしょう》と『おくのほそ道』——

20分

／100
目標 75点

1 古文を読んで、問いに答えなさい。 思

▼教 122ページ1行～124ページ12行

平泉《ひらいづ(ズ)み》

①三代の栄耀《えいえう(ヨウ)》一睡のうちにして、大門《だいもん》の跡は一里こなたにあり。秀衡《ひでひら》が跡は田野《でんや》になりて、金鶏山《きんけいさん》のみ形を残す。まづ《(ズ)》高館《たかだち》に登れば、北上川《きたかみがは(ワ)》南部《なんぶ》より流るる大河なり。衣川《ころもがは(ワ)》は和泉《いづ(ズ)み》が城《じやう(ジョウ)》を巡りて、高館の下《もと》にて大河に落ち入る。泰衡《やすひら》らが旧跡《きうせき(キュウ)》は、衣《ころも》が関《せき》を隔《へだ》てて南部口《ぐち》をさし固め、夷《えぞ》を防ぐとみえたり。さても義臣すぐつ《(ッ)》てこの城に籠もり、②功名一時のくさむらとなる。「国破れて山河《さんが》あり、城春にして草青みたり。」と、笠打ち敷きて、③時の移るまで涙を落としはべりぬ。

④夏草や兵《つは(ワ)もの》どもが夢の跡

点UP

(1) ——線①「三代の栄耀……形を残す」とありますが、どんなことを表しているのですか。「人間」という言葉を用いて、簡潔に答えなさい。

(2) ——線②「功名一時のくさむらとなる」とありますが、どういう意味ですか。次から一つ選び、記号で答えなさい。
ア 手柄を立てたのに、それを伝えることが許されていない。
イ 手柄を立てた兵士は多かったが、誰も有名になれなかった。
ウ 手柄を立てたのも一瞬のことで、今は何も残っていない。

(3) ——線③「時の移るまで涙を落としはべりぬ」とありますが、このときの芭蕉はどんな気持ちでいるのですか。

(4) ——線④「夏草や……」の俳句について、次の問いに答えなさい。
1 季語と季節を、それぞれ書きなさい。
2 切れ字と句切れを、それぞれ答えなさい。

(5) ——線⑤「閑かさや……」の俳句は、どんな心情を詠《よ》んでいますか。それがわかる部分を古文の中から十二字で探し、初めと終わりの五字を抜き出しなさい。

(6) ——線⑥「蛤の……」の俳句の「ふたみ」には、芭蕉の次の目的地である「二見が浦」と蛤の「蓋（＝殻《から》）」と「身」という二つの意味が掛けられています。俳句全体ではどういう意味になりますか。

その後二人は、暑さに苦しめられながら険しい山道の旅を続け、尾花沢《おばなざわ》でしばらく休息します。そこから寄り道をするように立石寺《りっしゃく》を訪ねたのは、五月二十七日のことでした。

立石寺《りふしやく（リュウシャク）》

山形領に立石寺といふ《（ウ）》山寺《やまでら》あり。慈覚大師《じかくだいし》の開基にして、ことに清閑《せいかん》の地なり。一見すべきよし、人々の勧《すす》むるによつ《（ツ）》て、尾花沢《をばねざは（オ）（ワ）》よりとつ《（ツ）》て返し、その間《かん》七里ばかりなり。日いまだ暮れず。ふもとの坊《ばう（ボウ）》に宿借り置きて、山上の堂に登る。岩に巖《いはほ（イワオ）》を重ねて山とし、松柏《しようはく（ショウ）》年《とし》旧《ふ》り、土石老いて苔《こけ》滑らかに、岩上の院々扉を閉ぢ《（ジ）》て物の音聞こえず。岸を巡り岩を這《は》ひ《（イ）》て仏閣を拝し、佳景《かけい》寂寞《じやくまく（ジャク）》として心澄みゆくのみおぼゆ。

⑤閑《しづ（ズ）》かさや岩にしみ入る蟬《せみ》の声

この後芭蕉は、酒田《さかた》、市振《いちぶり》、金沢《かなざわ》、敦賀《つるが》などを経て、八月下旬に大垣《おおがき》へとたどり着き、二週間ほど滞在《たいざい》して次の旅を始めました。芭蕉は、次の句でこの紀行文を締めくくっています。

⑥蛤《はまぐり》のふたみに別れ行く秋ぞ

「旅への思い――芭蕉と『おくのほそ道』――」より

2 ――線のカタカナを漢字で書きなさい。

1 ヒョウハクの詩人。　2 カンガイ深い思い。

3 料金をハラう。　4 順番をユズる。

1

(1) 15点

(2) 10点

(3) 15点

(4) 1 (季語)　(季節)　完答5点　2 (切れ字)　句切れ　完答5点

(5) 〜　10点

(6) 20点

2

1　2　3　4　各5点

Step 1

和歌の調べ——万葉集《まんようしゅう》・古今和歌集《こきんわかしゅう》・新古今和歌集《しんこきんわかしゅう》——

15分

❶ 和歌を読んで、問いに答えなさい。

▼教128ページ～131ページ

多摩《たま》川に　さらす手作り　さらさらに　なにそこの児《こ》の　ここだかなしき
（東《あづま》歌《うた》）　A

瓜《うり》食《は》めば　子ども思ほゆ　栗《くり》食めば　ましてしぬはゆ　いづくより
来たりしものそ　まなかひに　もとなかかりて　安眠《やすい》しなさぬ
山上憶良《やまのうへのおくら》　B

反歌《はんか》
銀《しろかね》も　金《くがね》も玉も　何せむに　勝《まさ》れる宝　子にしかめやも　C

春立ちける日よめる
紀貫之《きのつらゆき》
袖ひちて　むすびし水の　こほれるを　春立つけふの　風やとくらむ　D

山里は　冬ぞさびしさ　まさりける　人目も草も　かれぬと思へば
源《みなもとの》宗于《むねゆき》　E

(1) ❶『万葉集』、❷『古今和歌集』、❸『新古今和歌集』の説明を次から一つずつ選び、それぞれ記号で答えなさい。

ア　平安時代前期に、醍醐《だいご》天皇の命で作られた、最初の勅撰《ちょくせん》和歌集。
イ　鎌倉《かまくら》時代に、後鳥羽《ごとば》上皇の命で作られた、八番めの勅撰和歌集。
ウ　奈良時代に成立した、現存する最古の歌集。

❶（　　）　❷（　　）　❸（　　）

(2) Aの歌の「そ～かなしき」のような、古文における文法上の法則を何といいますか。次から一つ選び、記号で答えなさい。

ア　体言止め　　イ　枕詞《まくらことば》
ウ　係り結び　　エ　掛詞《かけことば》

（　　）

(3) Bの歌のように、「五・七」の句を三つ以上続け、最後を「五・七・七」で結ぶ和歌を何といいますか。

（　　）

(4) Cの歌の「しかめやも」は、「及ぶだろうか、いや及びはしない」という意味です。何に「及びはしない」というのですか。

（　　）

(5) Dの歌について、次の問いに答えなさい。

❶「けふ」を現代仮名遣《づか》いに直しなさい。

（　　）

思ひつつ　寝《ぬ》ればや人の　見えつらむ　夢と知りせば　覚めざらましを
小野小町《をののこまち》　F

春の夜の　夢の浮橋《うきはし》　とだえして　峰にわかるる　横雲の空
藤原定家《ふぢはらのさだいへ》　G

「和歌の調べ――万葉集・古今和歌集・新古今和歌集――」より

❷ Dの歌の鑑賞文を次から一つ選び、記号で答えなさい。

ア　冬の寒さの中で、貧しい暮らしを送る嘆《なげ》きを表している。
イ　春の到来を喜ぶ気持ちと、季節の移ろいを表している。
ウ　春の穏《おだ》やかさと、春を待ちこがれる気持ちをよんでいる。

(6) Eの歌の句切れを答えなさい。

(7) Fの歌の「覚めざらましを」は、「目を覚まさなかっただろうに」という意味です。どうだったら「目を覚まさなかった」というのですか。次から一つ選び、記号で答えなさい。

ア　恋人がもう寝てしまっているとわかっていたら。
イ　恋人に会っているのが現実だとわかっていたら。
ウ　恋人に会っているのが夢だとわかっていたら。

(8) Gの歌は『源氏《げんじ》物語』の巻の名前から語を引用しています。それを和歌の中から抜き出しなさい。

ヒント

(1) 成立年代に注目しよう。「勅撰和歌集」とは、天皇や上皇の命令で作られた和歌集のこと。

(5) ❷「春立ちける日」とは、立春の日のことだよ。

Step 1

風景と心情——漢詩を味わう——

15分

1 漢詩を読んで、問いに答えなさい。

▼教134ページ～136ページ

黄鶴楼《くわうかく》にて孟浩然《まうかうねん》の広陵《くわうりよう》に之《ゆ》くを送る　李《り》白《はく》

①故人　西のかた黄鶴楼を辞し
煙花《えんくわ》三月　揚州《やうしう》に下る②
③孤帆《こはん》の遠影《ゑんえい》　碧空《へきくう》に尽き
惟《た》だ見る　長江《ちやうかう》の天際に流るるを

故人西ノカタ辞シ二黄鶴楼一ヲ
煙花三月下ル二揚州一ニ
孤帆ノ遠影碧空ニ尽キ
惟ダ見ル長江ノ天際ニ流ルルヲ

(1) 「黄鶴楼…」の漢詩の種類を次から一つ選び、記号で答えなさい。
ア 五言絶句　イ 五言律詩
ウ 七言絶句　エ 七言律詩

(2) ——線①「故人」の意味を次から一つ選び、記号で答えなさい。
ア 亡《な》くなった人。　イ 世話になった人。
ウ 古くからの友人。　エ 恩師。

(3) ——線②「下る」の主語に当たる人物の名前を漢字で答えなさい。

(4) ——線③「孤帆の遠影　碧空に尽き」は、何を描いていますか。次から一つ選び、記号で答えなさい。
ア 小さな舟が大空に昇るように、ずっと見えている様子。
イ 小さな舟が河を下り、やがて水平線に消える様子。
ウ 孤独な旅人が舟に乗り、帰ってこない様子。

(5) この詩の主題を次から一つ選び、記号で答えなさい。
ア 人情の移ろいやすさ。　イ 人生のはかなさ。
ウ 旧友との別れ。　エ 自然の雄大《ゆうだい》さ。

春《しゅん》望《ぼう》　杜《と》甫《ほ》

④国破れて　山河《さんが》在り
⑤城春にして　草木深し
時に感じては　花にも涙を濺《そそ》ぎ
別れを恨んでは　鳥にも心を驚かす
烽火《ほうくわ》　三月《さんげつ》に連なり
⑥家書　万金《ばんきん》に抵《あ》たる
白頭　掻《か》けば更に短く
渾《す》べて簪《しん》に勝《た》へざらんと欲《ほっ》す

国破レテ山河在リ
城春ニシテ草木深シ
感ジテハレ時ニ花ニモ濺ギレ涙ヲ
恨ンデハレ別レヲ鳥ニモ驚カスレ心ヲ
烽火連ナリ二三月ニ一
家書抵タル二万金ニ一
白頭掻ケバ更ニ短ク
渾ベテ欲スレ不ざラントレ勝ヘレ簪ニ

「風景と心情――漢詩を味わう――」より

(6)「春望」の漢詩の種類を、漢字四字で答えなさい。

(7)――線④「国」、⑤「城」に対比されているものは何ですか。それぞれ詩の中から抜き出しなさい。

④（　　）　⑤（　　）

(8)――線⑥「家書　万金に抵たる」の意味を次から一つ選び、記号で答えなさい。

ア　家の書物が高く売れた。　イ　家からの便りは貴重だ。
ウ　書を売る家はもうかる。　エ　家に大金を送った。
（　　）

(9)この詩の主題を次から一つ選び、記号で答えなさい。

ア　家族を失った悲しみ。　イ　老いることへの苦しみ。
ウ　自然に対する賛歌。　エ　乱世への嘆《なげ》き。
（　　）

ヒント

(3)「黄鶴楼…」の詩は作者の李白が、舟に乗って去る友人の孟浩然を見送る様子を描いているよ。

(8)「家書」は「家からの手紙」という意味。

漢詩の種類や、押韻や対句といった規則について押さえておこう。

Step 1 最後の一句

15分

❶ 文章を読んで、問いに答えなさい。

▼㊙148ページ上12行～149ページ上18行

①西町奉行の佐佐《ささ》は、両奉行のうちの新参で、大阪に来てから、まだ一年たっていない。役向きのことは全て同役の稲垣《いながき》に相談して、城代《じょうだい》に伺《うかが》って処置するのであった。それであるから、桂屋太郎兵衛《かつらやたろべえ》の公事《くじ》について、前役の申し継ぎを受けてから、それを重要事件として気にかけていて、ようよう処刑の手続きが済んだのを②重荷を下ろしたように思っていた。

そこへ今朝になって、宿直の与力《よりき》が出て、命乞いの願いに出た者があると言ったので、佐佐はまずせっかく運ばせたことに邪魔が入ったように感じた。

「参ったのはどんな者か。」③佐佐の声は不機嫌であった。

「太郎兵衛の娘両人とせがれとが参りまして、年上の娘が願い書を差し上げたいと申しますので、これに預かっております。ご覧になりましょうか。」

「それは目安箱をもお設けになっておるご趣意《しゅい》から、次第によっては受け取ってもよろしいが、一応はそれぞれ手続きのあることを申し聞かせんではなるまい。とにかく預かっておるなら、内見《ないけん》しよう。」

与力は願い書を佐佐の前に出した。それを開いてみて佐佐は不審らしい顔をした。「いちというのがその年上の娘であろうが、何歳

(1) ――線①「西町奉行の佐佐」について説明した次の文中の□にあてはまる言葉を、それぞれ文章中から二字で抜き出しなさい。

・a に来てから一年たっていない両奉行のうちの b で、役向きのことは全て c の稲垣に相談している。

a □□
b □□
c □□

(2) ――線②「重荷を下ろした」とありますが、何のことをこのように表現しているのですか。次から一つ選び、記号で答えなさい。

ア　桂屋太郎兵衛の公事について前役の申し継ぎを受けたこと。
イ　桂屋太郎兵衛の公事について処刑の手続きが済んだこと。
ウ　桂屋太郎兵衛の公事を重要事件として気にかけていること。

（　）

(3) ――線③「佐佐の声は不機嫌であった」とありますが、その理由がわかる一文を文章中から探し、初めの五字を抜き出しなさい。

□□□□□

になる。」
「取り調べはいたしませんが、十四、五歳ぐらいに見受けますする。」
「そうか。」④佐佐はしばらく書き付けを見ていた。ふつつかな仮名文字で書いてはあるが、条理がよく整っていて、大人でもこれだけの短文に、これだけの事柄を書くのは、容易であるまいと思われるほどである。大人が書かせたのではあるまいかという念が、ふときざした。続いて、上《かみ》を偽《いつわ》る横着者の所為《しょい》ではないかと思議《しぎ》した。⑤それから一応の処置を考えた。太郎兵衛は明日の夕方までさらすことになっている。刑を執行《しっこう》するまでには、まだ時がある。それまでに願い書を受理しようとも、すまいとも、同役に相談し、上役に伺うこともできる。またよしやその間に情偽《じょうぎ》があるとしても、相当の手続きをさせるうちには、それを探ることもできよう。とにかく子どもを帰そうと、佐佐は考えた。

そこで与力にはこう言った。この願い書は内見したが、これは奉行に出されぬから、持って帰って町年寄《まちどしより》に出せと言えと言った。

与力は、門番が帰そうとしたが、どうしても帰らなかったということを、佐佐に言った。佐佐は、そんなら菓子でもやって、すかして帰せ、それでもきかぬなら引き立てて帰せと命じた。

森鷗外「最後の一句」〈鷗外歴史文学集　第3巻〉より

(4) ——線④「佐佐はしばらく書き付けを見ていた」とありますが、このとき佐佐が思ったことを説明した次の文中の□にあてはまる言葉を、それぞれ文章中から九字、二字、三字で抜き出しなさい。

・[a]で書いてあるが、大人でも容易には書けないような、[b]がよく整った文である。
・大人が書かせたのではあるまいか。
・上を偽る[c]の所為ではないか。

a □□□□□□□□□
b □□
c □□□

(5) ——線⑤「それから一応の処置を考えた」とありますが、それはどのような「処置」ですか。次から一つ選び、記号で答えなさい。

ア　願い書を書かせたのは誰か、子どもに話させるという処置。
イ　願い書をひとまず受理して、子どもを帰すという処置。
ウ　願い書は受理できないと言って、子どもを帰すという処置。

（　　）

ヒント

(2)「桂屋太郎兵衛の公事」が、佐佐にとっての「重荷」だよ。
(5)「とにかく子どもを帰そう」と考えたとある。「願い書」をどうしたかについては、そのあとの二段落に書かれている。

Step 2

最後の一句

20分

/100
目標 75点

❶ 文章を読んで、問いに答えなさい。思

▼㊈152ページ下16行〜154ページ上9行

この時佐佐《ささ》が書院の敷居際《ぎわ》まで進み出て、「いち。」と呼んだ。

「はい。」

「おまえの申し立てにはうそはあるまいな。もし少しでも申したことにまちがいがあって、人に教えられたり、相談をしたりしたのなら、今すぐに申せ。隠して申さぬと、そこに並べてある道具で、誠のことを申すまで責めさせるぞ。」佐佐は責め道具のある方角を指さした。

①いちはさされた方角をひと目見て、少しもたゆたわずに、「いえ、申したことにまちがいはございません。」と言い放った。その目は冷ややかで、その言葉は静かであった。

「そんなら今一つおまえに聞くが、身代わりをお聞き届けになると、おまえたちはすぐに殺されるぞよ。父の顔を見ることはできぬが、それでもいいか。」

「よろしゅうございます。」と、同じような、冷ややかな調子で答えたが、少し間《ま》をおいて、何か心に浮かんだらしく、「お上《かみ》のことにはまちがいはございますまいから。」と言い足した。

佐佐の顔には、不意打ちにあったような、驚愕《きょうがく》の色が見えたが、②それはすぐに消えて、険しくなった目が、いちの面《おもて》に注がれた。③憎悪《ぞうお》を帯びた驚異の目とでも言おうか。しかし佐佐は何も言わなかっ

(1) ——線①「いちは……と言い放った」とありますが、このいちの態度からは、佐佐に対するどんな思いが読み取れますか。簡単に説明しなさい。

(2) ——線②「それ」は、何をさしていますか。

(3) ——線③「憎悪を帯びた驚異の目」とありますが、これはいちの言葉に何を感じ取ったために表れた表情ですか。文章中の言葉を抜き出しなさい。

(4) ——線④「生い先の恐ろしい者でござりますな」とありますが、佐佐はなぜこのように言ったのですか。説明しなさい。

(5) ——線⑤「最後の一句」とは、どの言葉のことですか。文章中から抜き出しなさい。

(6) ——線⑥「罪人太郎兵衛の娘に現れたような作用」は、なんと言い換えられていますか。漢字二字の言葉を抜き出しなさい。

点UP

(7) この小説の主題を、『献身』から出た行為であっても、」という書き出しで、簡潔にまとめなさい。(記号は含まない。)

た。

次いで佐佐は何やら取り調べ役にささやいたが、まもなく取り調べ役が町年寄に、「ご用が済んだから、引き取れ。」と言い渡した。

白州《しらす》を下がる子どもらを見送って、佐佐は太田《おおた》と稲垣《いながき》とに向いて④「生《お》い先の恐ろしい者でござりますな。」と言った。心のうちには、哀れな孝行娘の影も残らず、人に教唆せられた、愚かな子どもの影も残らず、ただ氷のように冷ややかに、刃《やいば》のように鋭い、いちの最後の言葉の⑤最後の一句が反響しているのである。元文《げんぶん》頃の徳川《とくがわ》家の役人は、もとより「マルチリウム」という洋語も知らず、また当時の辞書には献身という訳語もなかったので、人間の精神に、老若《ろうにゃく》男女《なんにょ》の別なく、⑥罪人太郎兵衛《たろべえ》の娘に現れたような作用があることを、知らなかったのは無理もない。しかし献身のうちに潜む反抗の矛先は、いちと言葉を交えた佐佐のみではなく、書院にいた役人一同の胸をも刺した。

森鷗外「最後の一句」〈鷗外歴史文学集　第3巻〉より

2 ――線のカタカナを漢字で書きなさい。

❶ ユウフクな家庭。

❷ 物資がトボしい。

❸ 先生からウカガったお話。

❹ 意見をチンジュツする。

1

(1)	(2)	(3)	(4)	(5)	(6)	(7)
20点	5点	5点	20点	5点	5点	(「献身」から出た行為であっても、) 20点

2

❶	❷	❸	❹
			各5点

成績評価の観点　思…思考・判断・表現

Step 2

漢字の広場3・言葉の小窓3

（旅への思い——芭蕉《ばしょう》と『おくのほそ道』——〜漢字の練習4）

20分

/100

目標 75点

1 ——部の漢字の読み仮名を書きなさい。

1 永遠の過客。
2 平和への祈り。
3 巧みな言葉。
4 奔放な性格。
5 和睦を受け入れる。
6 罪を赦免される。
7 少し休憩する。
8 謀略にはまる。
9 運命に翻弄される。
10 戦争が勃発する。
11 適宜処理する。
12 条約の批准。
13 男性の塑像。
14 才能が覚醒する。
15 ユニークな逸話。

1

1	5	9	13
2	6	10	14
3	7	11	15
4	8	12	

各2点

2 カタカナを漢字に直しなさい。

1 道をヘダてる。
2 参加をススめる。
3 短いタイザイ。
4 チツジョを守る。
5 兄をシタう。
6 手でサグる。
7 昔をカエりみる。
8 本をススめる。
9 自らをカエりみる。
10 米のシュウカク。
11 シンジュの指輪。
12 国王のセイキョ。
13 ケイチョウの電報。
14 バンシャクのつまみ。
15 ホウコウが漂う。

2

1	5	9	13
2	6	10	14
3	7	11	15
4	8	12	

各2点

3 次の――線に合う漢字をそれぞれ選んで、記号で答えなさい。

❶ 出された案を議会にハカる。
ア 諮　イ 図

❷ ある作家がアラワした作品。
ア 表　イ 著

❸ 危険をオカして宝物を手に入れる。
ア 冒　イ 侵

❹ 図書館への行き方をタズねる。
ア 尋　イ 訪

❺ シボった乳を用いてチーズを作る。
ア 搾　イ 絞

4 a・bの□には、上の訓をもつそれぞれ共通した漢字が入ります。その漢字を書きなさい。

❶ はやい
a □い時間から働きに出る。
b 彼女はとても足が□い。

❷ つく
a ようやく山の頂上に□く。
b 人を助ける仕事に□く。

3	
❶	
❷	
❸	
❹	
❺	
各2点	

4		
❶	a	
	b	
❷	a	
	b	
各3点		

5 次の□に体の部分を表す漢字を入れ、慣用句を使った文を完成させなさい。

❶ 悪事をはたらきながら、涼《すず》しい□をしている。
❷ 彼の常識のなさに、開いた□が塞がらない。
❸ 突然の知らせに、自分の□を疑った。
❹ 会場の設定に□を貸してください。
❺ 駅は、ここから目と□の先にある。

6 次の慣用句やことわざの使い方が正しい文はどちらですか。それぞれ記号で答えなさい。

❶ 気のおけない
ア 気のおけない人たちなので、一緒にいて楽しい。
イ 彼は気のおけない人なので、本心はもらさない。

❷ 枯れ木も山のにぎわい
ア さすがに人間国宝の作品、枯れ木も山のにぎわいですね。
イ 枯れ木も山のにぎわいだ、落選作も展示しておこう。

5	
❶	
❷	
❸	
❹	
❺	
各2点	

6	
❶	
❷	
各4点	

Step 1 俳句の味わい

15分

❶ 文章を読んで、問いに答えなさい。

▼教 166ページ1行～167ページ17行

①渡り鳥みるみるわれの小《ち》さくなり　　上田《うえだ》　五千石《ごせんごく》

秋の季語である「渡り鳥」は、北方から日本に渡ってきますが、この句を読んだとき、②不思議な表現になっている部分に気づくでしょう。

ふつう飛び去る渡り鳥を見上げていると、小さくなっていくのは渡り鳥のほうですが、この句では「みるみるわれの小さくなり」と見ている自分が小さくなっていきますね。とても不思議な感じがします。しかし作者はわざとそのように表現しているのです。

俳句は短い文芸ですから、どこかに工夫を凝《こ》らす必要があります。目だたないような細かな工夫もあれば、この句のように大胆な工夫を凝らすこともあります。

上五（最初の五音）で「渡り鳥」とつぶやいた瞬間に、作者の心が渡り鳥に乗り移っているように思えます。つまり渡り鳥の目から「われ」を見ている情景に切り替わったといえるでしょう。このように視点を逆転させたことで、③この句を読む人は渡り鳥の目になって、空から自分を見下ろしているような、飛んでいる気分まで味わえるのです。

(1) ――線①「渡り鳥みるみるわれの小さくなり」の季語を抜き出し、その季節を答えなさい。

季語（　　　）　季節（　　　）

(2) ――線②「不思議な表現になっている部分」について説明した次の文中の□にあてはまる言葉を、それぞれ文章中から三字と二字で抜き出しなさい。

・飛び去る［a］ではなく、［b］が小さくなっていっている。

a［　　　］　b［　　］

(3) ――線③「この句を……味わえるのです」とありますが、それはなぜですか。次から一つ選び、記号で答えなさい。

ア 渡り鳥と「われ」が見た、それぞれの情景を描いているから。

イ 視点を逆転させ、渡り鳥の目から「われ」を見ているから。

ウ 視点が分散され、多くの情景を盛り込まれているから。

（　　　）

④おおかみに螢《ほたる》が一つ付いていた　金子《かねこ》 兜太《とうた》

⑤この句は狼《おおかみ》を詠《よ》んでいますが、明治時代に日本狼は絶滅したといわれています。

実際に作者は狼を見て句を作ったわけではなく、その姿を思い浮かべたのです。作者の故郷は埼玉県の秩父《ちちぶ》という山深いところです。そこには狼が生きていた時代がありました。

作者が山国の故郷に思いを馳《は》せたとき、狼の姿がふっと胸の中に現れたのでしょう。

一匹の狼に螢が一つしがみついた場面は、どこかユーモラスでいて幻想的な光景でもあります。狼という大きな強い動物と、螢という小さな儚《はかな》い虫とが触れ合っている不思議な出合いの場面ともいえますね。

「狼」が冬の季語で、「螢」が夏の季語なので、季語が二つある季重なりの句ですが、この句の季節は螢の舞う夏でしょう。

狼と螢の二つのいのちが静かに息づいている、土の濃い匂いのする一句です。

堀本 裕樹「俳句の味わい」より

(4) ——線④「おおかみに螢が一つ付いていた」について、次の問いに答えなさい。

❶ 季語を二つ抜き出し、それぞれその季節を答えなさい。

季語（　　　）　季節（　　　）

季語（　　　）　季節（　　　）

❷ この句がどんな場面かを説明した部分を文章中から二つ探し、それぞれ初めと終わりの五字を抜き出しなさい。

□□□□□～□□□□□

□□□□□～□□□□□

(5) ——線⑤「この句は……といわれています」とありますが、「絶滅した」といわれている「狼を詠ん」だとは、どういうことですか。その説明をしている一文を文章中から探し、初めの五字を抜き出しなさい。

□□□□□

ヒント

(2) 直後の段落から「不思議」という言葉を探してみよう。

(4) ❷「場面」という言葉に注目して、この句について説明している文章を読んでみよう。

Step 1

初恋《はつこひ》

❶ 詩を読んで、問いに答えなさい。

▼㊡176ページ~177ページ

初恋

島崎《しまざき》 藤村《とうそん》

まだあげ初めし前髪の
林檎《りんご》のもとに見えしとき
前にさしたる花櫛《はなぐし》の
花ある君と思ひけり

やさしく白き手をのべて
林檎をわれにあたへしは
薄紅《うすくれなゐ》の秋の実に
人こひ初めしはじめなり

わがこころなきためいきの
その髪の毛にかかるとき
たのしき恋の盃《さかづき》を
君が情《なさけ》に酌《く》みしかな

林檎畠《ばたけ》の樹《こ》の下に
おのづからなる細道は

(1) この詩の文体・形式を漢字五字で答えなさい。

(2) 1行めの「まだあげ初めし前髪」からわかることを次から一つ選び、記号で答えなさい。
ア 「君」に初めて会ったこと。 イ 「君」の前髪が長いこと。
ウ 「君」が少女であること。 エ 「君」が大人であること。

(3) 4行めの「花ある君」の意味を次から一つ選び、記号で答えなさい。
ア 花の中にいるあなた。 イ 花を抱えているあなた。
ウ 花を育てているあなた。 エ 花のように美しいあなた。

(4) 6行め「白き手」が象徴しているものを次から一つ選び、記号で答えなさい。
ア 少女の細さ。 イ 少女の潔癖さ。
ウ 少女の清純さ。 エ 少女の強さ。

誰《た》が踏みそめしかたみぞと
問ひたまふこそこひしけれ

(5) 「君」に対する「われ」の心の動きが読み取れる一行を第二連から探し、抜き出しなさい。

（　　　　）

(6) 第二連で、対照的に描かれている色を二つ、それぞれ漢字一字で抜き出しなさい。

□・□

(7) この詩の音数律にあてはまるほうを、記号で答えなさい。

ア　五七調　　イ　七五調

（　　）

(8) 19行め「問ひたまふ」とありますが、「君」が「われ」に問いかけた部分を探し、初めと終わりの三字を抜き出しなさい。

□□□～□□□

ヒント

(2) 昔は、幼い女の子は前髪を下ろしていた。「初めし」は「始めたばかり」ということを表す。前髪をあげたばかりなので、「君」がまだ少女だということがわかるね。

(8) 「誰が踏みそめし」をヒントに、過不足なく抜き出そう。

連を追うごとに、「君」と「われ」の恋が深まっていっているよ。

Step 1

故郷

15分

❶ 文章を読んで、問いに答えなさい。

▼教 186ページ5行～187ページ16行

「まあまあ、こんなになって、ひげをこんなに生やして。」不意にかん高い声が響いた。

　びっくりして頭を上げてみると、私の前には、頬骨の出た、唇の薄い、五十がらみの女が立っていた。両手を腰にあてがい、スカートをはかないズボン姿で足を開いて立ったところは、まるで製図用の脚《あし》の細いコンパスそっくりだった。

　①私はドキンとした。

「忘れたかね？　よくだっこしてあげたものだが。」

　ますますドキンとした。幸い、母が現れて口添えしてくれた。

「長いこと家にいなかったから、見忘れてしまってね。おまえ、覚えているだろ。」と私に向かって、「ほら、筋向かいの楊《ヤン》おばさん……豆腐《とうふ》屋の。」

　②そうそう、思い出した。そういえば子どもの頃、筋向かいの豆腐屋に、楊おばさんという人が一日中座っていて、「豆腐屋小町《こまち》」と呼ばれていたっけ。しかし、その人なら白粉《おしろい》を塗っていたし、頬骨もこんなに出ていないし、唇もこんなに薄くはなかったはずだ。それに一日中座っていたのだから、こんなコンパスのような姿勢は、見ようにも見られなかった。その頃うわさでは、彼女のおかげで豆腐屋は商売繁盛《はんじょう》だとされた。たぶん年齢のせいだろうか、私はそう

(1) ――線①「私はドキンとした」とありますが、それはなぜですか。次から一つ選び、記号で答えなさい。

ア　話しかけてきた女の正体がわからなかったから。
イ　話しかけてきた女の顔つきが厳しかったから。
ウ　話しかけてきた女の様子が滑稽だったから。

（　　）

(2) ――線②「そうそう、思い出した」とありますが、何を「思い出した」のですか。次の文中の□にあてはまる言葉を、それぞれ文章中から五字で抜き出しなさい。

・筋向かいの豆腐屋に「[a]」と呼ばれていた[b]という人がいたこと。

a □□□□□
b □□□□□

(3) ――線③「コンパスのほうでは、……見せた」について、次の問いに答えなさい。

❶「コンパス」がさす人の名前を、文章中から抜き出しなさい。

（　　）

❷「それ」がさしている部分を、文章中から一続きの二文で探し、初めと終わりの五字を抜き出しなさい。（句読点を含む。）

いうことにさっぱり関心がなかった。そのため見忘れてしまったのである。ところが③コンパスのほうでは、それがいかにも不服らしく、蔑むような表情を見せた。④まるでフランス人のくせにナポレオンを知らず、アメリカ人のくせにワシントンを知らぬのを嘲るといった調子で、冷笑を浮かべながら、

「忘れたのかい？　⑤なにしろ身分のあるおかたは目が上を向いているからね……。」

「そんなわけじゃないよ……僕は……。」私はどぎまぎして、立ち上がった。

「それならね、お聞きなさいよ、迅《シュン》ちゃん。あんた、金持ちになったんでしょ。持ち運びだって、重くて不便ですよ。こんなガラクタ道具、じゃまだから、あたしにくれてしまいなさいよ。あたしたち貧乏人には、けっこう役に立ちますからね。」

「僕は金持ちじゃないよ。これを売って、その金で……。」

「おやおや、まあまあ、知事様になっても金持ちじゃない？　現にお妾《めかけ》が三人もいて、お出ましは八人かきのかごで、それでも金持ちじゃない？　フン、だまそうたって、そうはいきませんよ。」

　返事のしようがないので、私は口を閉じたまま立っていた。

「ああ、ああ、金がたまれば財布のひもを締める。財布のひもを締めるからまたたまる……。」コンパスは、ふくれっつらで背を向けると、ぶつぶつ言いながら、ゆっくりした足どりで出ていった。行きがけの駄賃に母の手袋をズボンの下へねじ込んで。


魯迅／竹内好訳「故郷」〈魯迅文集 第一巻〉より

□□□□□　～　□□□□□

(4) ——線④「まるで……調子で」とありますが、どんなことをたとえた表現ですか。次から一つ選び、記号で答えなさい。

ア　知っている人もいるが、知らない人のほうが多いこと。
イ　知っていても知らなくても、どちらでも構わないこと。
ウ　知っていて当然のことなのに、それを知らないこと。

（　　）

(5) ——線⑤「なにしろ身分のあるおかたは目が上を向いているからね……」とありますが、どういう意味ですか。次から一つ選び、記号で答えなさい。

ア　身分の高い人間は目標も高く定めて努力するということ。
イ　身分の高い人間は身分の低い人には興味がないということ。
ウ　身分の高い人間は立派な顔立ちをしているということ。

（　　）

ヒント

(1) 直後に「ますますドキンとした。幸い、母が現れて口添えしてくれた。」などとあることから考えよう。

(5) 「コンパス」がこのあとで、自分のことを「あたしたち貧乏人」などと言っていることから読み取ろう。

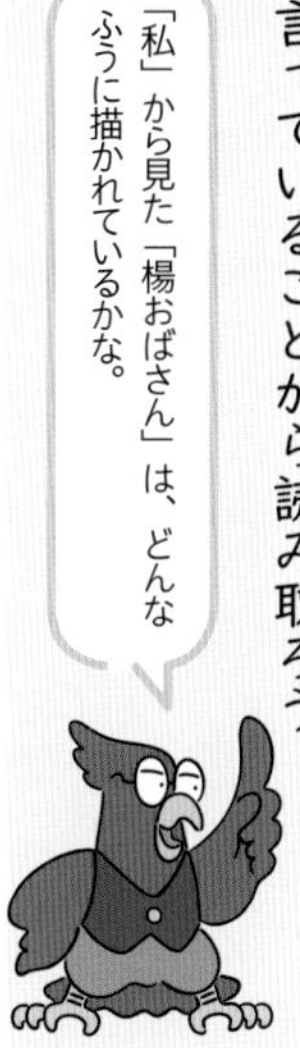
「私」から見た「楊おばさん」は、どんなふうに描かれているかな。

Step 2

故郷

❶ 文章を読んで、問いに答えなさい。思

▼教 192ページ5行～194ページ8行

私も、私の母も、はっと胸をつかれた。そして話がまた閏土《ルントー》のことに戻った。母はこう語った。例の豆腐《とうふ》屋小町《こまち》の楊《ヤン》おばさんは、私の家で片づけが始まってから、毎日必ずやってきたが、おととい、灰の山からわんや皿を十個あまり掘《ほ》り出した。あれこれ議論の末、それは閏土が埋めておいたにちがいない、灰を運ぶ時、一緒に持ち帰れるから、という結論になった。楊おばさんは、この発見を手柄顔に、「犬じらし」（これは私たちのところで鶏《にわとり》を飼うのに使う。木の板に柵を取り付けた道具で、中に食べ物を入れておくと、鶏は首を伸ばしてついばむことができるが、犬にはできないので、見てじれるだけである。）をつかんで飛ぶように走り去った。てん足用の底の高い靴で、よくもと思うほど速かったそうだ。

　古い家はますます遠くなり、故郷の山や水もますます遠くなる。だが①名残《なごり》惜しい気はしない。自分の周りに目に見えぬ高い壁があって、その中に自分だけ取り残されたように、気がめいるだけである。西瓜《すいか》畑の銀の首輪の小英雄《えいゆう》の面影は、もとは鮮明このうえなかったのが、今では急に②ぼんやりしてしまった。これもたまらなく悲しい。

　母と宏児《ホンル》とは寝入った。

　私も横になって、船の底に水のぶつかる音を聞きながら、今、自分は、自分の道を歩いているとわかった。思えば私と閏土との距離

(1) ――線①「名残惜しい気はしない」のはなぜですか。説明しなさい。

(2) ――線②「ぼんやりしてしまった」のはなぜですか。次から一つ選び、記号で答えなさい。

ア 三十年も昔の記憶だから。
イ 故郷にはもう西瓜畑もないから。
ウ 閏土はもう銀の首輪をつけていないから。
エ 昔と変わってしまった閏土の姿を見たから。

(3) ――線③「私たちの経験しなかった新しい生活」とありますが、A「私」、B「閏土」の経験したのはどんな生活ですか。それぞれ文章中から抜き出しなさい。

(4) ――線④「手製の偶像」とはどんなもののたとえですか。説明しなさい。

(5) ――線⑤「私の望むもの」とは何ですか。文章中から五字以内で抜き出しなさい。

点UP

(6) ――線⑥「それは地上の道のようなものである」とありますが、「希望」が「地上の道のようなもの」だとは、どういうことですか。説明しなさい。

20分

/100

目標 75点

は全く遠くなったが、若い世代は今でも心が通い合い、現に宏児は水生《シュイション》のことを慕っている。せめて彼らだけは、私と違って、互いに隔絶することのないように……とはいっても、彼らが一つ心でいたいがために、私のように、無駄の積み重ねで魂をすり減らす生活をともにすることは願わない。また閏土のように、打ちひしがれて心がまひする生活をともにすることも願わない。また他の人のように、やけを起こしてのほうずに走る生活をともにすることも願わない。希望をいえば、彼らは新しい生活をもたなくてはならない。③私たちの経験しなかった新しい生活を。

希望という考えが浮かんだので、私はどきっとした。たしか閏土が香炉《こうろ》と燭台《しょくだい》を所望《しょもう》した時、私はあい変わらずの偶像崇拝《すうはい》だな、いつになったら忘れるつもりかと、心ひそかに彼のことを笑ったものだが、今私のいう希望も、やはり④手製の偶像にすぎぬのではないか。ただ彼の望むものはすぐ手に入り、⑤私の望むものは手に入りにくいだけだ。

まどろみかけた私の目に、海辺の広い緑の砂地が浮かんでくる。その上の紺碧《こんぺき》の空には、金色の丸い月がかかっている。思うに希望とは、もともとあるものとも言えぬし、ないものとも言えない。⑥それは地上の道のようなものである。もともと地上には道はない。歩く人が多くなれば、それが道になるのだ。

魯迅／竹内好訳「故郷」〈魯迅文集第一巻〉より

❷ ——線のカタカナを漢字で書きなさい。

❶ アルバイトをヤトう。
❷ カワいた喉を潤す。
❸ 野を馬がカける。
❹ 自らのキョウグウを語る。

❶ (1)	(2)	(3) A	(3) B	(4)	(5)	(6)	❷ ❶	❷ ❷	❷ ❸	❷ ❹
15点	10点	各10点		15点	5点	15点	各5点			

成績評価の観点　思…思考・判断・表現

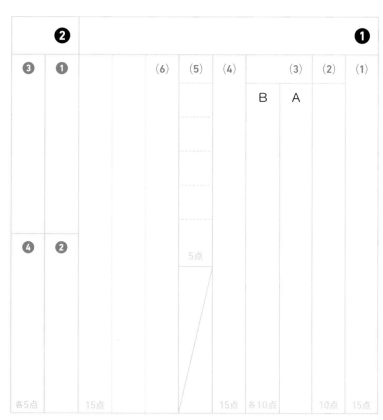

Step 1 やわらかな想《おも》い

15分

❶ 詩を読んで、問いに答えなさい。

▼教 266ページ～267ページ

やわらかな想い　　さくら ももこ

言葉の記号で
置き換えることのできない想いが
父の静かな笑顔から
母の電話の沈黙から
あなたの瞳の中の光から
わたしの深呼吸から
世界中のいろんな人から
流れ出している。
赤ちゃんの笑い声
理由のない涙
記号にあてはまらない
柔軟なエネルギーのかたまり。

(1) この詩の文体・形式を漢字五字で答えなさい。

(2) 1・2行めの「言葉の記号で／置き換えることのできない想いが」について、次の問いに答えなさい。

❶ 「想いが」の述語を、詩の中から一行で抜き出しなさい。

❷ 「言葉の記号で／置き換えることのできない」とは、どういう意味を表していますか。次から一つ選び、記号で答えなさい。

ア 言葉にすることができないほど激しいということ。
イ 多くの要素を含み、言葉では表せないということ。
ウ あてはまる言葉があまりにもたくさんあるということ。

❸ 「言葉の記号で／置き換えることのできない想い」と似た意味を表している部分を詩の中から探し、二行で抜き出しなさい。

テスト前 ☑ やることチェック表

① まずはテストの目標をたてよう。頑張ったら達成できそうなちょっと上のレベルを目指そう。
② 次にやることを書こう（「ズバリ英語〇ページ，数学〇ページ」など）。
③ やり終えたら▢に✔を入れよう。
最初に完ぺきな計画をたてる必要はなく，まずは数日分の計画をつくって，
その後追加・修正していっても良いね。

目標

	日付	やること 1	やること 2
2週間前	／	□	□
	／	□	□
	／	□	□
	／	□	□
	／	□	□
	／	□	□
	／	□	□
1週間前	／	□	□
	／	□	□
	／	□	□
	／	□	□
	／	□	□
	／	□	□
	／	□	□
テスト期間	／	□	□
	／	□	□
	／	□	□
	／	□	□
	／	□	□

QRコードのページに登録すると，「ぴたリンク」からも表をダウンロードできるよ

キリトリ線

テスト前 ☑ やることチェック表

① まずはテストの目標をたてよう。頑張ったら達成できそうなちょっと上のレベルを目指そう。
② 次にやることを書こう（「ズバリ英語〇ページ，数学〇ページ」など）。
③ やり終えたら□に✔を入れよう。
最初に完ぺきな計画をたてる必要はなく，まずは数日分の計画をつくって，
その後追加・修正していっても良いね。

目標

	日付	やること 1	やること 2
2週間前	／	□	□
	／	□	□
	／	□	□
	／	□	□
	／	□	□
	／	□	□
	／	□	□
1週間前	／	□	□
	／	□	□
	／	□	□
	／	□	□
	／	□	□
	／	□	□
	／	□	□
テスト期間	／	□	□
	／	□	□
	／	□	□
	／	□	□
	／	□	□

QRコードのページに登録すると，「ぴたリンク」からも表をダウンロードできるよ

教育出版版 国語3年

定期テスト ズバリよくでる

解答集

〈本体から外してお使いください〉

春に

2～3ページ Step 1

❶ (1) イ
(2) この気もちはなんだろう
(3) ア
(4) イ

考え方

❶ (1) 現在の言葉である口語体で書かれ、音数のきまりがないので、自由詩。よって、「口語自由詩」である。
(2) 「この気もちはなんだろう」という言葉が、詩の中で四回繰り返されている。
(3) たとえの表現が用いられている。ダムは川の水をせき止めて水をため、発電や利水、治水などに利用するもの。したがって、「心のダムにせきとめられ」は、春のエネルギーに突き上げられるようにわき上がり、あふれ出しそうになる気持ちをおさえこんでいるということ。
(4) 「目に見えないエネルギーの流れが」「声にならないさけびとなってこみあげる」「いまあふれようとする」「ぼくはもどかしい」などの言葉から読み取れる。

立ってくる春

4～5ページ Step 1

❶ (1) イ
(2) エ
(3) 火を吐いた～るものたち（りするもの）
(4) さまざまな小さい生き物でみっしり埋めつくされた一枚の絵のようなもの
(5) エ・オ（順不同）

考え方

❶ (2) 「立春」などは「二十四節気」の一つで、旧暦《きゅうれき》に基づいて決められている。そのため、現在の暦《こよみ》では、実際の感覚とずれを感じることが多いのである。
(4) 「私は『立ってくる春』のかたちを、決めた」とあり、そのあとに内容が説明されている。
(5) 例としてあげられている事象は冬のものなのでイはまちがいである。

なぜ物語が必要なのか

6〜7ページ Step 1

❶ (1) 理屈では説
(2) 狩りから帰〜している。
(3) a途切れ　b物語
(4) 書名…犠牲（サクリファイス）わが息子・脳死の11日
名前…洋二郎（さん）
(5) ①どこにも居
②ウ

―考え方―

❶ (1) 第三段落で、「神話の時代から……途切れたことはありません。」と、人が「繰り返し物語を生み出し続けて」きたという内容と同じことを述べていることに注目する。
(3) ――線③は、人間がずっと物語を生み出し続けてきたということを述べており、直後の一文で同じ内容を言い換えている。
(4) 直後から読み取れる。
(5) ①「樹木と声にならない声で会話を交わしている」「自らを励ましている」などとある部分が、日記のどの部分のことを述べているのか、突き合わせて確かめてみるとよい。

なぜ物語が必要なのか

8〜9ページ Step 2

❶ (1) 隠れ家
(2) ウ
(3) 例（単に毎日の出来事を記すのではなく、感情を書きなぐるのでもなく、）架空の友人、キティーに宛てた手紙として自らの思いを綴った点。
(4) ①母親への不〜、将来の夢
②例 窮屈な生活を忘れさせ、思う存分、自由を味わうことができる、果てしない自由の世界そのもの。
(5) 例 書くという方法を使えば、自分もアンネのように自由が得られるのだという思い。

❷ ①獲得　②魂　③犠牲　④宛名

―考え方―

❶ (1) あとに「そこで日記を書き続けることになります」とある。「そこ」とは、アンネが家族とともに身を潜めた「アムステルダム市内の中心部にある隠れ家」のことである。
(2) 「外へ出ることさえできず」はアに、「物音を立てないようにしなければいけません」はイに、「発見されれば命の危険にさらされるという恐怖が、常につきまとっていました」はエに対応している。
(3) 直後に注目する。「単に毎日の出来事を記すのではなく、感情を書きなぐるのでもなく」とあるが、「毎日の出来事を記す」こと、「感情を書きなぐる」ことは「普通の日記」に相当することなので、注意すること。
(4) ①直前から読み取れる。
②直後の段落の中から読み取る。アンネが「窮屈な生活」を送っていたこと、日記がそこから「自由」な世界に解放してくれるものであったことが書かれていれば正解である。
(5) 直前に「書くという方法を使えば、自分も自由を得られるのだ。そう思い、早速、大学ノートを買ってきました。」とある。『アンネの日記』を読んで、筆者は書くことが自由につながることを知ったのである。「書くという方法によって、自分もアンネのように自由になりたいという思い。」などでも正解。

10〜11ページ Step ❶

❶ (1) a圧迫感　b待たせる
(2) 督促状
(3) ① a通常の市民対応　b謝意
② イ
(4) ア
(5) 彼女の手元

―考え方―

❶ (2) 直後に「彼女がバッグから取り出したのは、昨日発送したばかりの督促《とくそく》状だった。」とあることに注目する。
(3) ①「通常の市民対応に、二割ほど『謝意』のニュアンスを上積みして、私はそう尋《たず》ねた。」という対応をさしている。
(4) 「言葉には最大限の謝意を込め」「頭を下げる」という部分から、「私」が相手に「謝意」を示そうとしていることが、「心中にはさざ波すら立てず」から、「私」が動揺などすることなく、冷静に事に当たろうとしていることがうかがえる。
(5) 直後の二文の中で「私」は、「住所情報と氏名の情報がずれてしまった」ケースか、『異体字』がうまく印字されなかった事例」かと考えている。

12〜13ページ step ❷

❶ (1) すげなかった
(2) 例 もう一人の「私」が、一昨日図書館で本を借りたということ。
(3) イ
(4) 例 入力ミスで個人情報データが二重になることがあるということ。
(5) 同じ『私』〜はずです。
(6) ウ
(7) 例「私」の存在そのものが二重になるということ。

❷ ①促　②尋　③辞儀　④変更

―考え方―

❶ (1) 「すげない」は、「冷淡で、思いやりがないさま」である。
(2) 「私」に「どういうことですか?」と聞かれ、「彼女」は「あなた自身が二重になって借りられたものと思われます」と説明している。そのあとで、「私」は『私』の存在そのものが二重になる」「もう一人の『私』が、一昨日図書館で三冊の本を借りた」と「合《が》点《てん》」している。
(3) 「その話には合点がいかない。」などと使う。
(4) 「個人情報データが二重になることがある」ということを根拠に、「逆に、『私』の存在そのものが二重になることもあるだろう。」と「私」は考えている。
(5) この「私」の主張も、「同じ『私』と、「私」が二重になっていることを認めている。
(6) 問題は『私』の存在が二重になっている」ことである。
(7) (4)のように、考えてみれば実に不思議なことが進行中なのである。『私』が二重に存在することがあるということ。」などでも正解。

薔薇《ばら》のボタン

14〜15ページ　step 1

❶ (1) ① a 八月六日　b 広島の少女（広島の女性）　c 前立て

② 爆風でちぎ〜ではないか

③ 広島で被爆〜いる写真家

(2) ① 花柄のスカ

② ・驚いたのは、その服たちの美しさである。（こんなにおしゃれな服を、当時の広島の女性たちが着ていたことがまず驚きだった。）

・もう一つの驚きは、写真そのものが美しかったことだ。

（順不同）

(3) ① 陰影を強調したモノクロ

② 原爆の悲惨さを

③ 美しく撮る

(4) 服が本来もっていた美しさ

(5) ① エ

② 自分が今ま

― 考え方 ―

❶ (1) ②「生地《きじ》が……無傷であることから」の直後に「爆風《ばくふう》でちぎれたのではなく、……ないか」という予想が述べられている。

③ 第三段落から読み取れる。

(2) ②「驚いたのは、……」「もう一つの驚きは、……」という文に注目する。一つめの「服の美しさ」については、「こんなに……」で始まる一文でも正解。

(3) ①②「原爆の悲惨《ひさん》さを伝える目的のために撮られてきた」ため、「陰影を強調したモノクロと相場が決まっていた」とある。

③「『美しく撮る』という明確な意志が感じられた」と述べられている。

(4)「あの美しさ」とは、直前の筆者の言葉にあるように、写真に写った服の美しさのことである。あとで、筆者が石内《いしうち》氏の写真について説明している部分に、「残酷な歴史を物語る陰影がいったん消され、服が本来もっていた美しさがよみがえった」とある。

(5) ② 筆者の「『戦争の遺品』に対する考え」については、「私ははっとした。」の直後に、「自分が今まで……気づかされたのだ。」と述べられている。

薔薇のボタン

16〜17ページ　step 2

❶ (1) ① イ

② 例 女の人たちの気持ちがよくわかるからこそ衝撃を受けた。

(2) イ

(3) ① 例 くしゃくしゃのピンクの布の塊だった。

② 例（白い手袋をした）学芸員の女性が、慎重に皺を広げていったことで、鮮やかな赤いボタンが現れ、ブラウスだとわかった。

(4) ① 石内氏、（石内氏の）アシスタント、学芸員、編集者、地元のテレビ局のディレクター（完答・順不同）

② ウ

③ 例 数個の（赤い）ボタンが見えたことで、ブラウスを着ていた女性を身近に感じ、その時代の気配を感じることができたから。

(5) 理解できな〜のないもの

(6) 例 隠れていた薔薇のボタンをあらわにした（白い手袋をはめた）学芸員の手のように、隠れた物事を明らかにするような仕事。

❷ ① 壁　② 爆風　③ 丁寧　④ 涙

― 考え方 ―

❶ (1) ① 同じ段落の最後の部分に、「生命の危険にさらされた戦時下でも、……自分自身のために。」とあることに注目する。

② 直後に「この話にも衝撃を受けた。……よくわかるからこそ衝撃的だった。」とある。

(2) 同じ段落内に、「死んでしまった女の子たちと自分が一気につながったのだ。」とあることから考える。「つながる」とは、ここでは、理解し、共感するということを意味している。

(3) ①直後に「くしゃくしゃになったピンクの布の塊《かたまり》」とある。この時点ではまだブラウスだとわからない状態である。

②「白い手袋をした学芸員の……そのとき初めて、これがブラウスだとわかったのだった。」とあることに注目する。

(4) ①直前に、「その場にいたのは……たまたま全員が女性だった。」とある。

②直後の会話の内容から読み取る。「鮮やかな赤」「かわいいね。」などは、ア「デザイン性や価値の高さ」を言っているものではない。

③あとで「思いがけず……その時代の気配を感じることができたのである。」と説明している。

(5)「句読点や記号は含まない。」とあるので、「――。」の部分は除く。

(6)「白い手袋をはめた学芸員の手のよう」な「仕事」とは、直後にもあるように、「隠れていた薔薇のボタンをあらわに」するような仕事である。「ブラウスとその持ち主を身近に感じさせてくれた」という要素を盛り込んでもよい。また、後半部分は、「隠れた物事に目を向け、それに光を当てるような仕事」などとしても正解である。

メディア・リテラシーはなぜ必要か？

18〜19ページ Step 1

❶ (1) ① a伝える人　b百パーセント

② メディア・リテラシー

(2) イ

(3) ① 文字メディア

② ア

(4) a豊か　b戦争

考え方

❶ (1) ②「このメカニズムをしっかりと意識に刻むことができれば、メディア・リテラシーはほぼ達成されているといえる。」とある。

(2) 直前の「人はそのようにできている。」の「そのように」とは、さらに前にある「見たり読んだりした情報を、すぐに真に受けてしまう」という内容をさしている。

(3) ①具体的には「新聞や書籍など」のことであるが、「六字」で抜き出すので、「文字メディア」が正解。

②「多くの人は文字を読んだり書いたりすることができなかった」ので、「教育を受けていなくても理解することができる映画とラジオは、世界中の人たちに熱狂《ねっきょう》的に迎えられた」とある。

漢字の広場１・文法の小窓１

20〜21ページ Step 2

❶ ①きわ　②と　③や　④さず　⑤そむ　⑥うけたまわ　⑦しょうに　⑧ちまなこ　⑨しろもの　⑩ひさん　⑪かたまり　⑫へいゆ　⑬きょうげん　⑭かんかつ　⑮みぞう

❷ ①渦　②縫　③暦　④特殊　⑤一致　⑥蓄積　⑦特徴　⑧煩雑　⑨実践　⑩仮病　⑪矯正　⑫一巡　⑬静寂　⑭奨学金　⑮肯定

❸ ①ウ　②ア　③イ　④イ

❹ ①強　②静　③出　④街　⑤金　⑥有　⑦修　⑧定　⑨文　⑩目

考え方

❸ ①ウは接続助詞で仮定の順接を表す。他は格助詞。②アは主語をつくる格助詞。他は連体修飾語をつくる格助詞。③イは確定の順接を表す接続助詞。他は起点を表す格助詞。④イは接続助詞「て」

が接続の関係で「で」になったもの。他は格助詞。意味はアが手段、ウが場所、エが原因を表す。

❹ ⑤「金」には「かね」「かな」という複数の訓読みもあるので注意する。

AI《エーアイ》は哲学《てつがく》できるか

22〜23ページ　Step 1

❶ (1) ① 囲碁や将棋の世　② 哲学（学者・研究）

(2) ① a 全集　b カントふう　② 幸福な共同作業

(3) a 過去の哲学者たち　b 人間　c 見逃していた

(4) イ

―考え方―

❶ (1) ①「人工知能に勝てなくなってしまった」のである。

(2) ① 直前の部分から読み取る。

(3) 直前の段落内から読み取る。「それに加えて」の前後で二つの要素があげられていることに注意する。

(4) 直前に「もう人間による……生み出されようがない」とある。

AIは哲学できるか

24〜25ページ　Step 2

❶ (1) イ

(2) 例「人工知能カント」に向かっていろいろ質問をし、その答えを分析するという作業。

(3) ① 例「およそ人間が考えそうな哲学的思考パターンのほぼ完全なリスト」ができあがること。

② 例 哲学的人工知能のふるまいを研究する一種の計算機科学に近づく。

(4) ① 人工知能は

② 例 切実な哲学の問いを内発的に発するところから始まるもの。

(5) 例 外部から入力されたデータの中に未発見のパターンを発見したり、人間によって設定された問いに解を与えたりするだけのものだから。

❷ ① 哲学　② 抽出　③ 普遍　④ 陥落

―考え方―

❶ (1) 直前に「囲碁や将棋の世界では、もう人間は人工知能に勝てなくなってしまった。」とあることをうけている。

(2) 直前の「人間の研究者が……私は予想する。」の一文に書かれている。

(3) ① 直前の部分をさしている。

②「計算機科学」とは、コンピュータの理論や設計、応用について研究する学問。つまり、本来の哲学者の仕事とはかけ離れたものになるということを述べている。

(4)「哲学の作業を行」うということは、「切実な哲学の問いを内発的に発する」ことである。

(5)「そういうこと」は直前の一文をさしており、人工知能が哲学の作業を行ってはいないということを述べている。直前の段落を見ると、「外部から……哲学とは呼べない。」とあり、これが現時点で人工知能が行っていることである。

漢字の広場２・言葉の小窓１

26〜27ページ　Step２

❶ ①ちゅうしゅつ　②やよい　③おじ　④おとめ　⑤かじや　⑥すもう　⑦いおう　⑧もめん　⑨でこぼこ　⑩ぶんきてん　⑪しょうじん　⑫わらべうた　⑬かんぬし　⑭はがね　⑮きおく

❷ ①哲学　②普遍　③紛糾　④搬入　⑤閲覧　⑥威嚇　⑦醸造　⑧緻密　⑨弊害　⑩暫時　⑪遵守（順守）　⑫勲章　⑬詠嘆　⑭肖像画　⑮沸騰

❸ ①ア　②イ　③ウ　④ア　⑤ウ　⑥エ　⑦エ　⑧イ

❹ ①ウ（と）イ　②イ（と）ア　③ア（と）ウ　④ア（と）イ　⑤イ（と）ウ　⑥ア（と）ウ

❺ ①さなえ・ウ　②しにせ・エ　③かわせ・イ　④かたず・ア

考え方

❸ ⑥「本棚」は「音読み＋訓読み」なので、和語とも漢語ともいえない。⑦「ノイター」は和製英語。

❹ ②「幕」は音読みで漢語、「開け（開ける）」は訓読みで和語である。⑥「長（長い）」は訓読みで和語。

❺ ③国内で行うものを「内国為替《かわせ》」、国と国の間で行うものを「外国為替」という。また、自国と外国の通貨間の交換比率のことを「為替相場」という。④「固唾《かたず》をのむ」と用いられることが多い。

async《アシンク》——同期しないこと

28〜29ページ　Step１

❶ (1)①高校の体育館のステージ脇の倉庫

②ａ記念品　ｂ卒業式

③ウ

④半ば自然に帰ったピアノ

(2)人工的な調〜放された音

(3)調律という

(4)ａ自然　ｂ木

考え方

❶ (1)①②直後から読み取れる。

④第二段落に「もともとピアノ自体は木でできている」ということが、第三段落に「このピアノ（＝『ピアノの死骸《がい》』）は、自然が調律した元の形に戻ろうとした」と筆者が考えていることがそれぞれ述べられている。よって、「半ば自然に帰ったピアノ」が正解。

(2)(1)④で見たように、「ピアノの死骸」は「自然が調律した元の形に戻ろうとした」のであり、「人工的な調律から解放された音」が「ピアノの死骸」が出した音をさしている。

(3)「調律」について、「人間が勝手に決めた、人間にとってのいい音を出す作業」と述べている部分が、――線③の「調律」というのに「人間的な基準」が関係しているという内容に対応している。

(4)第二段落から読み取る。

async——同期しないこと

30〜31ページ　Step２

❶ (1)イ

(2)①身のまわり

②例（サウンドと対立する）排除するもの、意味のないもの。

(3) ③例 ノイズも（サウンドも人の声も）音楽であるという考え。

(3) 例 音は同じ必然性で同じ重要性をもっていて、存在理由があって存在しているということ。

(4) ノイズ

(5) 例 人間は（二十四時間ほとんど音に囲まれて生きているのに、）生存にあまり必要のない音は無視しているから。

❷ ① 鍵盤 ② 泥水 ③ 破壊 ④ 狂

考え方

❶ (1) ――線①を含む一文は、「そうすると自分の好きな音が出てくる。」となっているので、「そうすると」の内容を読み取る必要がある。ウ「さまざまな場所で聴《き》こえてくる音。」は、筆者が集めた音のことをいっている。

(2) ①直前から読み取る。「十七字」という文字数に注意すること。②直後に「普通は音楽としては聴いていない」とある。そのあとで、「雑踏や工場の音などは、むしろノイズと感じる人もいる」とあり、「人間は、ノイズは排除するもの、意味のないものとしてきた。」ということが述べられている。③「ある人にとってはただの騒音でも、僕にとっては音楽。ノイズもサウンドも人の声も、全ての音が音楽なのだ。」とある。

(3) 「音にはそれぞれ独自のリズムや響きがある」ということについて、直後で「音は同じ……存在している。」と説明を加えている。

(4) 「人間」が「勝手に」決めた「悪い音」なので、人間が「排除するもの、意味のないもの」としている「ノイズ」をさす。

(5) 「音が鳴っているのにそれは聴こえてこない」のは、直前にあるように、人間がそれを「無視している」からである。「人間は勝手にいい音と悪い音を決め、いい音しか聴こうとしないから。」などでも正解。

問いかける言葉

32〜33ページ Step 1

❶ (1) ①（キャスターの仕事をするようになり、）多くのゲストのかたにインタビューする中で

② 問いかける言葉は、曖昧なものではなく、具体的なものではなくてはならない、ということ

(2) ウ

(3) ① a メディアの種類 b 膨大 c スピーディー

② ア

(4) a 反対する b 同調する

考え方

❶ (1) ①直前の「……中で」という言葉に注目する。

②「……こと」まで抜き出す。

(3) ②直後の一文は――線③の内容を言い換えているものである。そのあとにある二文から読み取る。

(4) 「風が、次第《しだい》に強くなってくると、その風向きに逆らって歩くのが困難になる」ことを、「考え」の広まり方にあてはめている。「問いかける言葉は、その同調の流れをせき止め、……自分で考えることをもたらしてくれる」と筆者は考えている。

文法の小窓2・言葉の小窓2

34～35ページ Step 2

❶ ①ぎんみ ②たまわ ③こくひん ④わいろ ⑤ゆうかい ⑥とうじょう ⑦けいこく ⑧こうずい ⑨はんようせい ⑩こう ⑪さんばし ⑫つい ⑬せんさく ⑭ふほう ⑮みんよう

❷ ①視聴者 ②媒介 ③傾向 ④不寛容 ⑤悩 ⑥貢献 ⑦挟 ⑧拙速 ⑨拓本 ⑩私淑 ⑪津波 ⑫漸減 ⑬洗濯 ⑭訟 ⑮許諾

❸ ①イ ②ウ ③イ ④イ ⑤ウ ⑥ア ⑦イ

❹ ①イ・参る（うかがう） ②イ・お待ち（になって）ください ③イ・ご覧（になって） ④イ・なさい（され）

考え方

❸ ①イは打ち消しの意志。他は打ち消しの推量。②ウは過去。他は存続。③イは例示。他はたとえ。④イは意志。他は推量。⑤ウは伝聞。他は様態。⑥アは尊敬。他は自発。⑦イは確認。他は完了。

❹ ①父は身内なので、他人に対しては謙譲語《けんじょう》を使う。「行く」の謙譲語は「参る」または「うかがう」である。②「お待ちしてください」は不自然な表現である。乗客に対しては尊敬語「お（ご）～になる」を使う。③「拝見する」は謙譲語。相手の動作には尊敬語の「ご覧になる」を使うのが正しい。④「いたす」は謙譲語。相手の動作なので、尊敬語の「なさる」を使うのが正しい。

旅への思い――芭蕉《ばしょう》と『おくのほそ道』――

36～37ページ Step 1

❶ (1) エ (2) ウ (3) エ (4) イ (5) はらいて (6) a春 b霞 (7) 季語…雛（の家） 季節…春 (8) ウ

考え方

❶ (1)「俳諧紀行文」とは、所々に俳句を織り交ぜた紀行文のこと。芭蕉の俳諧紀行文には、他に『野ざらし紀行』、『笈《おい》の小文《こぶみ》』などがある。

(2)「百代《はくたい》」とは「非常に長い年代。永遠」の意味。「過客《かかく》」は「通り過ぎていく人。旅人」の意味。

(3)「古人」は一般的には「昔の人」の意味である。

(4)「漂泊」とは「一定の住居がなくさまようこと」。「漂泊の思ひ」というのは、そんな漂泊の生活を送りたいという意味である。

(5) 語中・語尾の「は・ひ・ふ・へ・ほ」は「ワ・イ・ウ・エ・オ」に直す。

(8)「行く春や」から、春という季節の終わりを詠《よ》んだ句だとわかる。

旅への思い――芭蕉と『おくのほそ道』――

38～39ページ Step 2

❶ (1) 例（悠久の自然に対して、）人間の世がはかないということ。

(2) ウ

(3) 例 人間の一生がむなしいものであることを嘆く気持ち。

(4) ①季語…夏草 季節…夏
②切れ字…や 句切れ…初（句切れ）

(5) 佳景寂寞と～心澄みゆく

(6) 例 蛤が殻と身に分かれるように、私は二見が浦へ向かって別れて行くこの晩秋であることだ。

❷ ①漂泊 ②感慨 ③払 ④譲

考え方

❶

(1) ――線①は、「三代の栄耀《えいよう》」＝藤原《ふじわら》氏三代が栄えたことがはかなく終わったこと、「金鶏山《きんけいざん》」がそのまま残っていることを表しており、悠久の自然に対して、人間の世がはかないものであることを述べている。

(2) 「功名」は手柄を立てること。「くさむらとなる」とは、それが今はなくなっていることを表している。

(3) 直後の「夏草や……」の俳句に心情が表現されている。

(4) ①「閑《しづ》かさや……」の句とともに、夏を詠《よ》んだものである。
②「や」の切れ字のあるところが、意味上の切れめになっている。

(5) 「閑かさや」で切れる初句切れの俳句で、「寂寞《じゃくまく》」「心澄みゆく」などの思いを詠んでいる。

(6) 「ふたみ」の他に、「行く」も、秋が「行く」＝晩秋と、別れて「行く」という二つの意味が掛けられている。「蛤が二つに分かれるように、私も人と別れて二見が浦に向かおうとしている。そして、秋もまた過ぎようとしていることだ。」などでも正解。

和歌の調べ――万葉集《まんようしゅう》・古今和歌集《こきんわかしゅう》・新古今和歌集《しんこきんわかしゅう》――

40〜41ページ　Step❶

❶

(1) ①ウ　②ア　③イ

(2) ウ

(3) 長歌

(4) 子（子ども）

(5) ①きょう
②イ

(6) 三句切れ

(7) ウ

(8) 夢の浮橋

考え方

❶

(2) 「係り結びの法則」とは、係助詞の「ぞ・なむ・や・か（は）・こそ」が用いられた場合には、普通は終止形で結ぶところを次のように結ぶ、というもの。
〇ぞ・なむ……連体形（強意）
〇や・か（は）……連体形（疑問・反語）
〇こそ……已然《いぜん》形（強意）

(3) 「長歌」は『万葉集』に多く見える和歌の一種。平安時代以降はあまり作られなくなった。

(4) 「子にしかめやも」とあるところからわかる。

(5) ①「エ段」＋「う・ふ」→「〇ョウ」となる。

(6) 「まさりける」のあとに意味上の切れめがある。

(7) 上の句は「思っていたからその人が夢に現れたのだろうか」という意味。

(8) Gの歌は、『古今和歌集』の恋の歌の本歌取りであることにも注意する。

風景と心情――漢詩を味わう――

42〜43ページ　Step❶

❶

(1) ウ

(2) ウ

(3) 孟浩然

(4) イ

(5) ウ

(6) 五言律詩

(7) ④山河　⑤草木

(8) イ

(9) エ

考え方

❶

(1) 四句なので「絶句」、一句七字なので「七言」である。

(2)「故人」は、現代では「死んだ人」の意味で使われるのが普通だが、他に「古くからの友」の意味がある。
(4)「碧空《へきくう》に尽き」は、帆《ほ》掛け舟が水平線のかなたに消えていく様子を描いていると思われる。
(5)旧友孟浩然《まうかうねん》との別れの哀感が詩の主題となっている。当時の旅は、二度と帰れないかもしれないほど危険を伴うものだったことを知っておくとよい。
(6)八句なので「律詩」、一句五字なので「五言」である。
(7)「国—山河《さんが》」、「城—草木」の対比関係をしっかり捉えておくこと。
(9)(8)で見たように、家族からの手紙は非常に貴重だというのだから、家族を失ったわけではない。したがってアはまちがいである。

最後の一句

44～45ページ Step 1

❶ (1) a大阪　b新参　c同役
(2) イ
(3) そこへ今朝
(4) aふつつかな仮名文字　b条理　c横着者
(5) ウ

―考え方―

❶ (1) ――線①を含む一文とその直後の一文から読み取る。
(3)「せっかく運ばせたことに邪魔が入った」ことで「不機嫌」になったのである。
(4) 直後の三文をよく読むこと。

最後の一句

46～47ページ Step 2

❶ (1) 例 責め道具のようなものでおどされても、少しもこわくはないという思い。
(2) 例 不意打ちにあったような、驚愕の色。
(3) 献身のうちに潜む反抗
(4) 例 いちがお上である自分たちを恐れる様子もなく、内心に動揺を起こさせるようなことを言ったから。
(5) お上のことにはまちがいはございますまいから。
(6) 献身
(7) 例（「献身」から出た行為であっても、）その中に潜む「反抗」の気持ちが人の胸を刺すこともある。

❷ ①裕福　②乏　③伺　④陳述

―考え方―

❶ (1) 直前で佐佐《ささ》は「責め道具」を示していちをおどしているが、それに対していちは、「少しもたゆたわずに」という様子であることに注目する。
(2) 直前の内容をさしている。
(3) 最終段階の最後の一文から抜き出す。
(4)「お上《かみ》のことにはまちがいはございますまいから。」という言葉が「お上」の一人である佐佐や役人たちの「胸をも刺した」ことから考える。佐佐は動揺したのである。
(5)「いちの最後の言葉の最後の一句」とあることからわかる。
(6) 字数をヒントにして探す。
(7) 最終段階から読み取る。「（「献身」から出た行為であっても、）『反抗』がその中に潜んでいて、人の胸を刺すこともある。」なども正解。

漢字の広場3・言葉の小窓3

48～49ページ Step 2

❶ ①かかく　②いの　③たく　④ほんぽう　⑤わぼく　⑥しゃめん　⑦きゅうけい　⑧ぼうりゃく　⑨ほんろう

⑩ぼっぱつ ⑪てきぎ ⑫ひじゅん ⑬そぞう ⑭かくせい
⑮いつわ

❷ ①隔 ②勧 ③滞在 ④秩序 ⑤慕 ⑥探 ⑦顧 ⑧薦
⑨省 ⑩収穫 ⑪真珠 ⑫逝去 ⑬慶弔 ⑭晩酌 ⑮芳香

❸ ①ア ②イ ③ア ④ア ⑤ア

❹ ①a早 b速 ②a着 b就

❺ ①顔 ②口 ③耳 ④手 ⑤鼻

❻ ①ア ②イ

一考え方一

❸ ①「諮《はか》る」は他者に意見を求めること。②「著《あらわ》す」は書物を書いて出版すること。③「冒す」は危険を覚悟のうえであえてすること。④「尋ねる」は問いかけること。⑤「搾《しぼ》る」はそのものに含まれている液体を取り出すこと。

❹ ①時間の場合には「早い」、スピードの場合は「速い」を使う。

❺ ①「涼《すず》しい顔をする」は「自分にも関係があるのに、他人事のように平気な顔をしている」、②「開いた口が塞がらない」は「あきれてものが言えない」、⑤「目と鼻の先」は「距離がきわめて近いこと」。

❻ ①「気のおけない」は「相手に気づまりや遠慮を感じないさま」をいう。②「枯れ木も山のにぎわい」は「つまらないものでも、ないよりはあったほうがよい」というたとえ。

俳句の味わい

50～51ページ Step❶

❶ (1) 季語…渡り鳥 季節…秋
(2) a渡り鳥 b自分（作者）
(3) イ
(4) ①・季語…おおかみ 季節…冬
・季語…螢 季節…夏
（順不同）
②・一匹の狼に～ついた場面
・狼という大～合いの場面
（順不同）
(5) 実際に作者

一考え方一

❶ (1) 直後の文章から読み取る。
(3) 直前に「視点を逆転させた」とあることに注目する。
(4) ①二つの季語がある「季重なり」だが、「この句の季節は蛍の舞う夏」である。
(5) 直後にあるように、「実際に作者は狼《おおかみ》を見て句を作ったわけではなく、その姿を思い浮かべ」て句を作ったのである。

初恋《はつこい》

52～53ページ Step❶

❶ (1) 文語定型詩
(2) ウ
(3) エ
(4) ウ
(5) 人こひ初めしはじめなり
(6) 白・紅（順不同）
(7) イ
(8) 林檎畠～たみぞ

一考え方一

❶ (1) 昔の書き言葉（文語）が用いられ、五音七音のリズムをもつ詩（定型詩）である。
(3) この場合の「花」は林檎《りんご》の花ではなく、「はなやかで美しいもの」を表す「花（華）」である。
(4) 「白」が象徴するのは「清純さ」である。

(5) 「人こひ初めしはじめなり」は「初めて人に恋し始めたのである」の意。この恋愛が「初恋」であることをいっている。
(6) 手の「白」と、林檎の「(薄)紅」の対比が鮮やかで、実に視覚的な表現である。
(7) 最初の行は「まだあげそめし(七音)・まえがみの(五音)」で、以降の行もこの音数になっている。これは「七五調」といって、「五音・七音」の「五七調」に比べて軽快な感じを与える。

故郷

54~55ページ Step 1

❶ (1) ア
(2) a 豆腐屋小町　b 楊おばさん
(3) ① 楊おばさん　② たぶん年齢~のである。
(4) ウ
(5) イ

―考え方―

❶ (2) 直後から読み取る。「白粉《おしろい》を塗っていたし、頬骨もこんなに出ていないし、唇もこんなに薄くはなかったはずだ」「一日中座っていたのだから、こんなコンパスのような姿勢は、見ようにも見られなかった」ため、「私」は現れた女が「豆腐《とうふ》屋小町《こまち》」だとすぐにわからなかったのである。
(3) ①最初のほうで「私」は、楊《ヤン》おばさんを「製図用の脚《あし》の細いコンパスそっくり」と思っている。
②直前をさしている。
(4) フランス人にとってのナポレオン、アメリカ人にとってのワシントンは、知っているのが当然の有名人である。楊おばさんは、ナポレオンやワシントンのように自分のこともまた、「私」が知っていて当然だと思っているような態度なのである。

故郷

56~57ページ Step 2

❶ (1) 例 故郷の人々の変わりように失望したから。
(2) エ
(3) A無駄の積み重ねで魂をすり減らす生活
B打ちひしがれて心がまひする生活
(4) 例 一見価値がありそうだが無意味なもの。
(5) 新しい生活
(6) 例 希望も地上の道と同じで、それをかなえるために努力する人が増えれば実現するものだということ。

❷ ①雇　②渇　③駆　④境遇

―考え方―

❶ (1) 直後の「自分の周りに……気がめいるだけである。」から考える。「私」は故郷の人たちと自分の違いを感じ、もはや帰りたいとは思わなくなったのである。
(2) 再会した閏土《ルントー》はすっかり変わり果ててしまっていた。
(3) 同じ段落の前の部分から読み取る。A「私のように、……」、B「閏土のように、……」の「……」の部分から抜き出す。
(4) 「偶像」とは「信仰の対象とする、神仏をかたどった像」のこと。「手製の偶像」とは、自分で勝手に神仏のようにありがたがっているものをいっている。それは現実には何の役にも立たないものである。
(5) 前の段落の「希望をいえば、彼らは新しい生活をもたなくてはならない。」から読み取る。
(6) 直後に「もともと……道になるのだ。」とあることから考える。

漢字の広場4

58〜59ページ Step 2

❶ ①つや ②いす ③しょもう ④きが ⑤きそん
⑥せいりょう ⑦きかがく ⑧げんしゅく ⑨きゅうてい
⑩てんじょう ⑪おこた ⑫どうけつ ⑬じょうもん
⑭ゆうよ ⑮へいおん

❷ ①跳 ②贈 ③掘 ④英雄 ⑤駐車 ⑥寡占 ⑦交渉
⑧栽培 ⑨民俗 ⑩水滴 ⑪帰還 ⑫軌道 ⑬克服 ⑭拘束
⑮凝固

❸ ①四 ②万 ③千 ④廉 ⑤尚 ⑥衷 ⑦怒

❹ ①イ ②ウ ③オ ④ア ⑤エ

❺ ①イ ②ウ ③エ ④ア

考え方

❸ ①〜③は、漢数字を含む四字熟語。漢数字をセットにして覚えておくとよい。③「千載一遇」は、めったにないよい機会のこと。⑤「時期尚早《しょうそう》」は、何かをするには早すぎるという意味。

❹ 故事成語である四字熟語には他に、「捲土《けんど》重来《ちょうらい》」（一度敗れた者が再び勢いを盛り返すこと）などもある。

❺ 「半信半疑」は、半分は信じ、半分は疑っていること。「以心伝心」は、言葉を使わずに、相手の心がわかること。「一網打尽」は、犯人などをひとまとめに捕まえること。「五里霧中《むちゅう》」は、方針が立たずに困ること。「霧」を「無」「夢」などと書かないように気をつけること。

生命とは何か

60〜61ページ Step 1

❶ (1) ①生物がさま
②aさまざまな物質 b生命 c別の見方
(2) トカゲ
(3) ①待ちきれな
②イ
③aトカゲの赤ちゃん b取り返しのつかないこと

考え方

❶ (1) ②「生物」は「さまざまな物質から成り立ってはいる。確かにそれは機械じかけで組み合わされている」が、「生命」については「もっと別の見方をする必要があるのではないか」とある直後の部分から読み取る。
(2) このあとに述べられているエピソードから読み取る。トカゲについては、最後の段落で、「小さな生命」という言葉でも言い表されている。
(3) ①「私は準備した……」で始まる一文では、筆者が実際に行ったことを述べているので、正解にならない。

地球は死にかかっている

62〜63ページ Step 1

❶ (1) ①・（大宇宙の暗黒の中に青く輝く）水の惑星
・（たった一つの）人類のふるさと
（順不同）
②人類（人間）・恐竜・カゲロウ・バクテリア（順不同）
(2) ①a誕生 b三百万年
②地球
(3) ①a万物の霊長 b自然 c動物（生物）
②イ

考え方

❶ (3) ①前の二つの段落の内容を読み取る。人類について、「わが物顔で……殺戮《さつりく》しつづけています」と述べられており、それを「人類自身ばかりか、地球上の全生命体滅亡か存続かの鍵を握っている」

と言い換えている。
②「大宇宙の営みからみれば」は、(2)でも見たように、地球の四十六億年という年齢に対して、人類の三百万年という歴史はわずかな時間であるということ。「はかない一瞬の夢で終わりそう」とは、人類が「大宇宙の営み」には到底達しえないまま、滅亡することを意味している。

水の星

64～65ページ Step 1

❶ (1) 口語自由詩
(2) 六（連）
(3) a闇　b仲間　c親戚（bとcは順不同）
(4) ①水一滴もこぼさずに廻る地球
②こういうところに棲んでいましたか（と驚いた。）
(5) ウ
(6) イ

考え方

❶ (1) 現在の話し言葉（口語）を用いた、音数のきまりがない詩（自由詩）である。
(2) 最後の短い連を忘れないようにする。
(4) 第二・三連の内容を読み取る。「水一滴もこぼさずに廻《まわ》る地球」が写った写真を見て、「こういうところに棲《す》んでいましたか」と「驚いた」ということ。
(5) ウは、写真の部分で述べられている内容。

「対話力」とは何か

66～67ページ Step 1

❶ (1) ・第一には、
・第二は、人
・最後は、自
（順不同）
(2) a関心　b根拠　c自分の意見（自分の考え）
(3) イ
(4) a立場や心情　b本当に伝えたいこと
(5) ウ

考え方

❶ (2) 直後の一文に「……訓練」とあることに注目する。
(3) あとで、「相手の伝えてきたことを、……大切なのです。」「どの地域の、どの国の、どんな意見にでも、……当然のルールなのです。」などと説明されている。
(5) 同じ段落の最後の一文に「そんなしなやかな柔軟さ」とあることに注目する。――線⑤からここまでの部分で、「自分の考え方をしなやかに変化させる柔軟さ」について説明されている。

バースデイ・ガール

68～69ページ Step 1

❶ (1) ・奥行きのない目
・ひからびたほほえみの影
（順不同）
(2) ①ア
②イ
(3) ①例 何も思いつかない。
②（僕は、）二十歳の誕生日からは遠く離れすぎている（ということ。）
③あなたはきっともう願ってしまったのよ。

考え方

❶ (2) ②①で見たように、「彼女」は「人生は思いどおりにはいかない」

と思っており、それは、「彼女」が自分の人生に対して、不満のようなものを抱いていると指摘することもできるだろう。ただし、「車のバンパー」にある「へこみ」は「二つばかり」であるので、ウのように「大きな不満がある」というわけではないということに注意すること。

(3) ①「僕」は、「何も思いつかないよ。」と答えている。

②「僕」は、「何も思いつかないよ。」と言ったあとで、「それに僕は、二十歳の誕生日からは遠く離れすぎている。」とも言っている。「二十歳の誕生日からは遠く離れすぎている」とは、「僕」が「二十歳」から年をとったことで、その年齢に年齢的、あるいは心理的な隔たりを感じているということを表していると考えられる。

③最後の段落にある「彼女」の言葉に注目する。

青春の歌――無名性の光

70～71ページ　Step 1

❶ (1) ①a 並んでいる　b 微妙な

②二人の存在～という感覚

(2) ①ア

②かけがえのない何者か

(3) ①ウ

②未来の運命～るこの予感

考え方

❶ (1) ①「自転車一台分」については、あとで、「ぴったり並んでいるわけではない」としており、さらに、「『友』と〈私〉はそれぞれの場所から同じ雲を見上げている」ことを「微妙な距離感」だと述べている。

(2) ①直後の一文に「大人の目から見れば、……そんなに変わらない。」とあることから考える。前に「その一方で」とあるように、この前の段落で、「二人」は「存在や人生は決して交換することができない」と述べられていることにも注意すること。

(3) ①前に「二人の距離は今が人生のなかで最も近く、……進んでゆくことになる。」『自転車一台分』だった距離は……なってゆくだろう。」とあることから読み取る。「彼らは無意識のうちにそのことを感じている」のだから、アはまちがい。

②直後の一文に注目する。

やわらかな想《おも》い

72ページ　Step 1

❶ (1) 口語自由詩

(2) ①流れ出している。

②イ

③記号にあてはまらない／柔軟なエネルギーのかたまり。

考え方

❶ (1) 現在の話し言葉（口語）を用いた、音数のきまりがない詩（自由詩）である。

(2) ①「想いが」の部分は主語。述語は「流れ出している。」で、主語と述語の間にある「父の静かな笑顔から」～「世界中のいろんな人から」の部分は、述語にかかっている。

②詩の中に書かれている「想い」がどのようなものかを読み取るとよい。

③「記号にあてはまらない／柔軟な」が「記号で／置き換えることのできない」に対応している。

テスト前 ☑ やることチェック表

① まずはテストの目標をたてよう。頑張ったら達成できそうなちょっと上のレベルを目指そう。
② 次にやることを書こう（「ズバリ英語〇ページ，数学〇ページ」など）。
③ やり終えたら□に✔を入れよう。
最初に完ぺきな計画をたてる必要はなく，まずは数日分の計画をつくって，
その後追加・修正していっても良いね。

目標

	日付	やること 1	やること 2
2週間前	／	□	□
	／	□	□
	／	□	□
	／	□	□
	／	□	□
	／	□	□
	／	□	□
1週間前	／	□	□
	／	□	□
	／	□	□
	／	□	□
	／	□	□
	／	□	□
	／	□	□
テスト期間	／	□	□
	／	□	□
	／	□	□
	／	□	□
	／	□	□

QRコードのページに登録すると，「ぴたリンク」からも表をダウンロードできるよ

テスト前 ✓ やることチェック表

① まずはテストの目標をたてよう。頑張ったら達成できそうなちょっと上のレベルを目指そう。
② 次にやることを書こう（「ズバリ英語〇ページ，数学〇ページ」など）。
③ やり終えたら▢に✓を入れよう。
最初に完ぺきな計画をたてる必要はなく，まずは数日分の計画をつくって，
その後追加・修正していっても良いね。

目標

	日付	やること 1	やること 2
2週間前	/	▢	▢
	/	▢	▢
	/	▢	▢
	/	▢	▢
	/	▢	▢
	/	▢	▢
	/	▢	▢
1週間前	/	▢	▢
	/	▢	▢
	/	▢	▢
	/	▢	▢
	/	▢	▢
	/	▢	▢
	/	▢	▢
テスト期間	/	▢	▢
	/	▢	▢
	/	▢	▢
	/	▢	▢
	/	▢	▢

キリトリ線

QRコードのページに登録すると，「ぴたリンク」からも表をダウンロードできるよ

ズバリよくでる 直前

チェックBOOK

漢字の読み書き・文法重要事項に完全対応!

国語

教育出版版

3年

赤シートで何度でも!

春に　教 p.14～15

渦巻きの模様。（うず）

立ってくる春　教 p.16～21

雑巾を縫う。（ぬ）
暦を読む。（こよみ）
鬼が出る。（おに）
妖怪の仕業。（ようかい）

なぜ物語が必要なのか　教 p.22～28

権利を獲得する。（かくとく）
魂が抜ける。（たましい）
犠牲を出す。（ぎせい）
友人に宛てた手紙。（あ）

私　教 p.30～44

督促状が届く。（とくそく）
意味を尋ねる。（たず）
丁寧《ていねい》なお辞儀。（じぎ）

特殊な方法。（とくしゅ）
指紋が一致する。（いっち）
行き先の変更。（へんこう）
知識を蓄積する。（ちくせき）
財布を持ち歩く。（さいふ）
間髪を容《い》れず。（はつ）

漢字の練習1　教 p.46

恋文を書く。（こいぶみ）
機織りをする。（はた）
その道を究める。（きわ）
牙を研ぐ。（と）
出納係になる。（すいとう）
会長を辞める。（や）
革のベルト。（かわ）
着物を裁つ。（た）
秘伝を授かる。（さず）
体力で勝る。（まさ）
天女を見る。（てんにょ）

テストでまちがえやすい漢字

無理を強いる。（し）
意向に背く。（そむ）
街道沿いの店。（かいどう）
しかと承る。（うけたまわ）
専ら家事をする。（もっぱ）
知り得る内容。（う）
和やかな会食。（なご）
故のない怒り。（ゆえ）
技を競う。（きそ）
室町時代の着物。（むろまち）
記録に上せる。（のぼ）
牧を走る馬。（まき）
今昔の物語。（こんじゃく）
小児科にかかる。（しょうに）
峡谷を流れる川。（きょうこく）
若いお巡りさん。（おまわりさん）
新年の書き初め。（ぞ）
美しい夕映え。（ゆうば）
反物を売る。（たんもの）

歩合給をもらう。（ぶあい）
血眼になる。（ちまなこ）
とんだ代物。（しろもの）
声高に主張する。（こわだか）
助太刀をする。（すけだち）
気持ちが浮つく。（うわ）
大きな波止場。（はとば）

薔薇のボタン　教 p.48～56

壁の塗り替え。（かべ）
爆風を浴びる。（ばくふう）
悲惨な結末。（ひさん）
丁寧な態度。（ていねい）
涙が落ちる。（なみだ）
やる気の塊。（かたまり）
平和の象徴。（しょうちょう）

漢字の広場1　教 p.68～69

呉音の読み。（ごおん）
唐音で読む。（とうおん）
つらい修行。（しゅぎょう）
煩雑を極める。（はんざつ）
実践に移す。（じっせん）
煎茶をいれる。（せんちゃ）
面目を施す。（めんぼく）
難しい経文。（きょうもん）
仮病を使う。（けびょう）
姿勢を矯正する。（きょうせい）
傷が平癒する。（へいゆ）
市内を一巡する。（いちじゅん）
狂言の役者。（きょうげん）
静脈の位置。（じょうみゃく）
静寂が訪れる。（せいじゃく）
幕府の直轄地。（ちょっかつ）
奨学金の申請。（しょうがく）
肯定の立場。（こうてい）
長い呪文。（じゅもん）
未曽有の大惨事。（みぞう）

AIは哲学できるか　教 p.74～79

哲学の課題。（てつがく）
意見を抽出する。（ちゅうしゅつ）
普遍的な性質。（ふへん）

漢字の広場2　教 p.84～85

老舗の店。（しにせ）
弥生の風。（やよい）
伯父の話。（おじ）
一人の乙女。（おとめ）
為替相場。（かわせ）
冶金の技術。（やきん）
早苗が育つ。（さなえ）
暴力の撲滅。（ぼくめつ）
硫黄の臭い。（いおう）
木綿の下着。（もめん）
会議が紛糾する。（ふんきゅう）
固唾をのむ。（かたず）
食料の搬入。（はんにゅう）

優しい伯母。（おば）
かわいい草履。（ぞうり）
凸凹の表面。（でこぼこ）
最寄りの書店。（もより）
行方が知れない。（ゆくえ）
早乙女の姿。（さおとめ）

漢字の練習2 教p.87

図書館の閲覧室。（えつらん）
犬が威嚇する。（いかく）
鼓動が響く。（こどう）
酒の醸造所。（じょうぞう）
真摯な言葉。（しんし）
緻密な図。（ちみつ）
弊害が出る。（へいがい）
過去を遡る。（さかのぼ）
憧憬のまなざし。（しょうけい）
悪の中枢。（ちゅうすう）
暫時立ち止まる。（ざんじ）

法の遵守。（じゅんしゅ）
瑠璃色の湖。（るり）
勲章をつける。（くんしょう）
詠嘆の声。（えいたん）
鍵穴をのぞく。（かぎあな）
分岐点に立つ。（ぶんき）
項目を立てる。（こうもく）
学問に精進する。（しょうじん）
有名な童歌。（わらべうた）
神主になる。（かんぬし）
肖像画を描く。（しょうぞう）
鋼でできた盾。（はがね）
気後れする。（きおく）
正しい楷書。（かいしょ）
見事な俳諧。（はいかい）
弾劾裁判をする。（だんがい）
該当する箇所。（がいとう）
物価の高騰。（こうとう）
謄本を見る。（とうほん）

旺盛な食欲。（おうせい）

問いかける言葉 教p.96〜102

ラジオの視聴。（しちょう）
売買を媒介する。（ばいかい）
次第に明らむ。（しだい）
作品を吟味する。（ぎんみ）
消費の傾向。（けいこう）
不寛容な人。（ふかんよう）
悩みが絶えない。（なや）

漢字の練習3 教p.113

全財産を賭ける。（か）
会社に貢献する。（こうけん）
お言葉を賜る。（たまわ）
貞節を守る。（ていせつ）
損害を賠償する。（ばいしょう）
国賓を迎える。（こくひん）
月賦で支《し》払《はら》う。（げっぷ）

賄賂を渡す。（わいろ）
誘拐事件の解決。（ゆうかい）
体温計を挟む。（はさ）
拙速な判断。（せっそく）
拓本を作る。（たくほん）
船に搭乗する。（とうじょう）
資格を抹消する。（まっしょう）
例を見ない淫雨。（いんう）
渓谷の景色。（けいこく）
洪水が起こる。（こうずい）
私淑する作家。（ししゅく）
津津浦浦。（つつうらうら）
輸入が漸減する。（ぜんげん）
洗濯物を干す。（せんたく）
汎用性がある。（はんよう）
内容の梗概。（こうがい）
鉄柵をまたぐ。（てっさく）
桟橋を渡る。（さんばし）
脊《せき》椎が折れる。（つい）

学歴の詐称《しょう》。（さ）
訴《そ》訟に勝つ。（しょう）
天皇の詔書。（しょうしょ）
詮索をやめる。（せんさく）
業者に委託する。（いたく）
使用の許諾。（きょだく）
訃報が伝わる。（ふほう）
諭旨退職。（ゆし）
民謡を聞く。（みんよう）
網膜の役割。（もうまく）
胎児の健康。（たいじ）
咽頭の治療。（いんとう）
涙腺が緩む。（るいせん）

旅への思い ―― 芭蕉と『おくのほそ道』――

教 p.116～125

娯楽を提供する。（ごらく）
漂泊の詩人。（ひょうはく）
近畿地方に住む。（きんき）

映画の冒頭。（ぼうとう）
感慨にふける。（かんがい）
百年の過客。（かかく）
お金を払う。（はら）
道を譲る。（ゆず）
人を隔てる。（へだ）
食事を勧める。（すす）
佳景が広がる。（かけい）
滞在を延ばす。（たいざい）

和歌の調べ ―― 万葉集・古今和歌集・新古今和歌集 ――

教 p.126～133

古今和歌集。（こきん）
祈りをささげる。（いの）
巧みな手さばき。（たく）
沢の流れ。（さわ）

風景と心情 ―漢詩を味わう―

教p.134〜139

黄鶴《かく》楼を去る。（こう）
独り放浪する。（ほうろう）
自由奔放な性格。（ほんぽう）
病と称して休む。（しょう）
値万金の眺め。（ばんきん）
秩序を保つ。（ちつじょ）
生い茂る草。（お）
白髪を抜く。（しらが）
冠を脱ぐ。（かんむり）
長い叙事詩。（じょじ）

最後の一句

教p.140〜159

斬罪が決まる。（ざんざい）
女房の助け。（にょうぼう）
親を慕う子。（した）
裕福な暮らし。（ゆうふく）
感情が乏しい。（とぼ）

争闘が収まる。（そうとう）
和睦の申し出。（わぼく）
船の出帆。（しゅっぱん）
秘密を探る。（さぐ）
権力に訴える。（うった）
奉行の職に就く。（ぶぎょう）
暁に鳥が鳴く。（あかつき）
一貫した叙述。（いっかん）
弁当を詰める。（つ）
懐中電灯を持つ。（かいちゅう）
歴史を顧みる。（かえり）
話を伺う。（うかが）
趣意の説明。（しゅい）
偽りを言う。（いつわ）
執行役員になる。（しっこう）
白州に座る。（しらす）
私語を控える。（ひか）
従者を遣わす。（つか）
拷問に耐える。（ごうもん）

テストでまちがえやすい漢字

敵に臆するな。（おく）
陳述を覆《くつがえ》す。（ちんじゅつ）
唇が切れる。（くちびる）
憎悪《お》が生まれる。（ぞう）
意志を貫徹する。（かんてつ）
赦免を請《こ》う。（しゃめん）

漢字の広場3

教p.160〜161

患部を診る。（み）
我が身を省みる。（かえり）
議会に諮る。（はか）
物語を著す。（あらわ）
本を薦める。（すす）
権利を侵す。（おか）
乳を搾る。（しぼ）
音量を絞る。（しぼ）
菊薫る季節。（かお）
十分休憩する。（きゅうけい）
謀略を見破る。（ぼうりゃく）

敵を翻弄する。（ほんろう）
迷惑を被る。（めいわく）
リンゴの収穫。（しゅうかく）
真珠のブローチ。（しんじゅ）
恩師が逝去する。（せいきょ）

漢字の練習4　教p.164

某国の王子。（ぼうこく）
内乱が勃発する。（ぼっぱつ）
武道の覇者。（はしゃ）
嗣子を決める。（しし）
脊髄の病気。（せきずい）
産婆を務める。（さんば）
草餅を作る。（くさもち）
自然の脅威。（きょうい）
飽食の時代。（ほうしょく）
戴冠式が始まる。（たいかん）
発酵食品をとる。（はっこう）
慶弔のマナー。（けいちょう）

適宜指導する。（てきぎ）
富が増殖する。（ぞうしょく）
甲乙丙丁。（へいてい）
羞恥心を隠す。（しゅうち）
条約の批准。（ひじゅん）
凄惨を極める。（せいさん）
舷側が傾く。（げんそく）
艦艇に乗り込む。（かんてい）
垣根を越える。（かきね）
外堀の清掃。（そとぼり）
塑像を作る。（そぞう）
晩酌に付き合う。（ばんしゃく）
意識の覚醒。（かくせい）
陪審員になる。（ばいしんいん）
附則を読む。（ふそく）
逸話を披露する。（いつわ）
逓信省の仕事。（ていしん）
市長を更迭する。（こうてつ）
苛烈な戦い。（かれつ）

梅の芳香。（ほうこう）
藍色の靴下。（あいいろ）
処方箋をもらう。（しょほうせん）
箸置きを買う。（はしお）
符号を振る。（ふごう）

故郷　教p.178～196

まっすぐな茎。（くき）
ひっそり閑。（かん）
脳裏をよぎる。（のうり）
紺碧《べき》の宝玉。（こん）
股をくぐる。（また）
坊ちゃん。（ぼっ）
人を雇う。（やと）
艶を出す。（つや）
帽子を買う。（ぼうし）
糸で結わえる。（ゆ）
大小の貝殻。（かいがら）
唇が渇く。（かわ）

ウサギが跳ねる。（は）
塀を破る。（へい）
贈り物を選ぶ。（おく）
机の脚。（あし）
豆腐のみそ汁。（とうふ）
店が繁盛《じょう》する。（はん）
馬が駆ける。（か）
旦那と奉公人。（だんな）
境遇が変わる。（きょうぐう）
凶作に苦しむ。（きょうさく）
椅子に座る。（いす）
古い香炉。（こうろ）
炊事や洗濯。（すいじ）
庭を掘る。（ほ）
鶏の鳴き声。（にわとり）
台風の名残。（なごり）
英雄の功績。（えいゆう）
水を所望する。（しょもう）
崇拝の対象。（すうはい）

漢字の広場4 教 p.204~205

清廉潔白な人。（せいれん）
粉骨砕身する。（さいしん）
気分爽快になる。（そうかい）
時期尚早の問題。（しょうそう）
循環経路を示す。（じゅんかん）
飢餓状態になる。（きが）
低温殺菌をする。（さっきん）
駐車禁止の区域。（ちゅうしゃ）
名誉毀損の罪。（きそん）
五里霧中の状況。（むちゅう）
寡占化が進む。（かせん）
交渉が成功する。（こうしょう）
折衷案を考える。（せっちゅう）
茶の栽培。（さいばい）
清涼な空気。（せいりょう）

漢字の練習5 教 p.207

幾何学模様。（きかがく）

テストでまちがえやすい漢字

民俗学の歴史。（みんぞくがく）
水滴が落ちる。（すいてき）
帝国の滅亡。（ていこく）
厳粛な空気。（げんしゅく）
豪華な宮廷料理。（きゅうてい）
部屋の天井。（てんじょう）
画塾を営む。（がじゅく）
王の帰還。（きかん）
努力を怠る。（おこた）
暗い洞穴。（どうけつ）
唯一の友。（ゆいいつ）
縄文時代の人。（じょうもん）
軌道を描く。（きどう）
猶予がない。（ゆうよ）
病を克服する。（こくふく）
平穏な生活。（へいおん）
空欄を設ける。（くうらん）
米などの食糧。（しょくりょう）
身柄を拘束する。（こうそく）

豆を乾燥させる。（　かんそう　）

血液が凝固する。（　ぎょうこ　）

▶助詞の種類

種類	助詞	例
格助詞	が	庭の花が咲く。
格助詞	を	難しい問題を解く。
格助詞	に	家族でフランスに行く。
格助詞	と	パンとスープの簡単な食事。
格助詞	へ	読んだ本を本棚へ戻す。
格助詞	から	姉が学校から帰ってくる。
格助詞	より	僕は弟よりも背が高い。
格助詞	で	風で木が倒れる。
格助詞	や	雨や雪がさかんに降る。
格助詞	の	私の服を畳んでしまう。
接続助詞	から	欲しかったから、その本を買った。
接続助詞	ので	時間に遅れたので、友人に謝った。
接続助詞	ば	知りたければ、教えよう。

種類	助詞	例
接続助詞	と	よくかまないと、消化に悪い。
接続助詞	ても（でも）	悲しくても、泣かない。 死んでも、諦めない。
接続助詞	けれど（けれども）	背伸びしたけれど、見えない。 やったけれども、無駄だった。
接続助詞	が	誘ったが、兄に断られた。
接続助詞	のに	食べたいのに、食べられない。
接続助詞	て（で）	外に出て、運動する。 花を摘んで、部屋に飾る。
接続助詞	ながら	友達と話しながら道を歩く。
接続助詞	し	つらかったし、苦しかった。
接続助詞	たり	絵を見たり描いたりする。

		例
副助詞	は	あの建物は図書館だ。
	も	私もバレーボールが好きです。
	こそ	来年こそ早起きをしよう。
	さえ	雨が降り、風さえ出てきた。
	でも	ラーメンでも食べようか。
	だって	小学生だって知っている話だ。
	まで	三時まで学校にいた。
	ばかり	知ったばかりのことを話す。
	だけ	私だけが宿題を忘れてしまった。
	ほど	マッチ箱ほどの大きさ。
	くらい（ぐらい）	これくらいのことは何でもない。 少しぐらいは待ってあげよう。

		例
副助詞	しか	彼はコーラしか飲まない。
	など	梅や桜などを庭に植える。
終助詞	か	この本を読みましたか。
	の	いつ帰ってきたの。
	な（なあ）	ああ、愉快だな。 疲れたから早く眠りたいなあ。
	ね（ねえ）	あのね、おもしろい話があるんだ。 君はすごい人だねえ。
	よ	そんなことは知っているよ。
	ぞ	あっちに行くぞ。
	な	中に入るな。

▶助動詞

種類	語	接続
受け身・可能・自発・尊敬	れる られる	未然形
使役	せる させる	未然形
打ち消し	ない	未然形
	ぬ(ん)	未然形
丁寧《ていねい》	ます	連用形
過去・完了	た	連用形
希望	たい	連用形
	たがる	連用形
推定・たとえ(丁寧)	ようだ ようです	連体形など

種類	語	接続
様態(丁寧)	そうだ そうです	連用形など
断定(丁寧)	だ です	体言・「の」など
伝聞(丁寧)	そうだ そうです	終止形
推定	らしい	終止形など
意志・勧誘《かんゆう》・推量	う よう	未然形
打ち消しの意志・推量	まい	終止形 未然形

▶歴史的仮《か》名《な》遣《づか》いの読み方

ハ行

＊語中・語尾の「は」「ひ」「ふ」「へ」「ほ」↓「ワ」「イ」「ウ」「エ」「オ」

は	ひ	ふ	へ	ほ
わ	い	う	え	お
例 つはもの↓ツワモノ	例 思ひ↓オモイ	例 いふ↓イウ	例 うへ↓ウエ	例 しほ↓シオ

ワ行

＊「ゐ」「ゑ」「を」↓「イ」「エ」「オ」

ゐ	ゑ	を
い	え	お
例 くれなゐ↓クレナイ	例 すゑ↓スエ	例 あを↓アオ

ダ行

＊「ぢ」「づ」↓「ジ」「ズ」

ぢ	づ
じ	ず
例 はぢ↓ハジ	例 めづらし↓メズラシ

特別な読み

＊次のような母音の連続は伸ばす音に

「ア段」＋「う・ふ」↓「オ段」の長音

「イ段」＋「う・ふ」↓「ユウ・◯ュウ」

「エ段」＋「う・ふ」↓「◯ョウ」

au	iu	eu
ô	yû	yô
例 かうべ↓コウベ	例 うれしうて↓ウレシュウテ	例 けふ↓キョウ

＊次のような「む」「なむ」↓「ン」「ナン」

例 行かむ↓イカン／竹なむ↓タケナン

＊「くわ」「ぐわ」↓「カ」「ガ」

例 くわんかく↓カンカク／ぐわん↓ガン

▶三大和歌集と表現技法

	万葉集《まんようしゅう》	古今和歌集《こきんわかしゅう》	新古今和歌集《しんこきんわかしゅう》
成立	奈良時代	平安時代	鎌倉時代
編者	大伴 家持《おおとものやかもち》 等	紀 貫之《きのつらゆき》 等	藤原 定家《ふじわらのさだいえ》 等
特徴《とくちょう》	幅広い階層の歌を収めた、現存する日本最古の歌集。 **歌風** 素朴・雄大《ゆうだい》で力強い **代表歌人** 持統《じとう》天皇・額田王《ぬかたのおおきみ》	醍醐《だいご》天皇の命によって作られた、最初の勅撰《ちょくせん》和歌集。 **歌風** 繊細・優美で技巧的《ぎこうてき》 **代表歌人** 在原 業平《ありわらのなりひら》・小野 小町《おののこまち》	後鳥羽《ごとば》上皇の命によって作られた、八番めの勅撰和歌集。 **歌風** 象徴的・余情や幽玄を重視 **代表歌人** 西行《さいぎょう》・式子内親王《しょくしないしんのう》

▼和歌の表現技法

枕詞

＊あとに続く特定の語を導く、五音の語。普通は現代語訳をしない。

例 白たへの → 衣・袖・雲

序詞《じょことば》

＊あとに続く不特定の語句を導く。省略せずに現代語訳をする。

例 多摩《たま》川にさらす手作り → さらさらに

掛詞《かけことば》

＊一つの語に同じ音の二つの語の意味を重ねる技法。

例 山里は冬ぞさびしさまさりける人目も草もかれぬと思へば　源 宗于《みなもとのむねゆき》

「（人目も）離《か》れ」「（草も）枯れ」

▶漢文の知識

▼訓点の種類

訓点
句読点…「、」や「。」のこと。
送り仮名…片仮名で漢字の右下に書く。
返り点…漢文を日本語の語順で読むための符《ふ》号《ごう》。漢字の左下に書く。

▼返り点の種類

① レ点…一字下から返って読むときの符号。

例
[A]レ[B]…B→A
[A]レ[B]レ[C]…C→B→A
[A][B]レ[C][D]…A→C→B→D

② 一・二点…二字以上、下から返って読むときの符号。

例
[A]二[B][C]一…B→C→A
[A]二[B][C][D]一[E]…B→C→D→A→E
[A]二[B][C]一[D]二[E]一[F]二[G]…B→C→A→E→F→D→G

▼書き下し文

＊漢文を漢字仮名交じりに改めたもの。

例
・大器ハ晩成ス。
↓大器は晩成す。
・花落ツルコト知ル多少
↓花落つること知る多少
・春眠不《ず》レ覚エ暁ヲ
↓春眠暁《あかつき》を覚えず
・処処聞ク二啼鳥ヲ一
↓処処啼鳥《ていてう》を聞く

置き字

＊漢文を日本語として読むときに、読まない文字。書き下し文にも書かない。

例
・学ビテ[而]時ニ習フレ之ヲ
↓学びて時に之を習ふ
・己ノ所レ不《ざル》レ欲セ、勿カレレ施スコト二[於]人ニ一。
↓己の欲せざる所、人に施すこと勿《な》かれ。

▶漢詩

絶句		律詩	
五言絶句…四句からできていて、一句が五字。	七言絶句…四句からできていて、一句が七字。	五言律詩…八句からできていて、一句が五字。	七言律詩…八句からできていて、一句が七字。

▼漢詩の構成

＊「起・承・転・結」という構成になっている。

例

故人西辞黄鶴楼……起句（きっかけを述べる）
煙花三月下揚州……承句（詳しく述べる）
孤帆遠影碧空尽……転句（別の角度から述べる）
惟見長江天際流……結句（全体をまとめる）

▼漢詩の表現

押韻《おういん》（韻を踏む）

＊同じ響きの音（韻）をもつ字。漢詩の響きを美しくする効果がある。

対句

＊「対句」は、それぞれの言葉づかいが深く関係している二つの句。律詩では、三句めと四句め、五句めと六句めを対句にする。

例

国破山河在
城春草木[深]
（対句①）

感時花濺涙
恨別鳥驚[心]
（対句②）

烽火連三月
家書抵万[金]
（対句③）

白頭掻更短
渾欲下勝[簪]

押韻「シン」「キン」